KB078349

종교와 스포츠

몸의 테크닉과 희생제의

차례
Contents

몸의 교육학과 몸의 연금술

상상력에 의한 죽음

상상의 힘만으로도 인간은 죽을 수 있다. 1870년경 유럽의 어떤 작가는 자신이 특정한 시간에 죽을 것이라고 말한 사람이 실제로 그 시간에 죽는 것을 목격했다.

공포심만으로도 인간은 죽을 수 있다. 1904년에 골디(W. H. Goldie)가 쓴 글에 의하면, 지금의 하와이 제도인 샌드위치 제도에서 한 유럽인이 마법을 부릴 수 있다고 말하자, 원주민 주술사는 서양 마법에 겁을 집어먹은 채 힘을 잃고 시름시름 앓다가 곧 죽어버렸다. 마찬가지로 1847년 하와이에서 전염병이 창궐할 때, 사람들은 질병 자체보다는 그 전염력에 대한 공포와 치명적인 우울증으로 인해 더 쉽게 죽어나갔다.

인간은 한 마디 말에 의해서도 쉽게 죽을 수 있다. 1865년에 한 스코틀랜드인 하녀가 흑인 하녀에게 "너는 너무 잔인해서 머지않아 죽을 거야"라고 말한 후로 흑인 하녀는 하루가 다르게 수척해지더니 한 달이 채 못 되어 죽고 말았다.

금기의 위반으로 인해 생긴 죄의식이 사람을 죽게 만들기도 한다. 1835년에 마오리족에 의해 정복당한 모리오리족은 강제로 남쪽 섬으로 옮겨졌으며 곧 대부분이 죽고 말았다. 부족원의 수가 2,500명에서 25명으로 급감한 것이다. 마오리족이 모리오리족을 살해한 것은 아니다. 마오리족이 모리오리족에게 강제로 시킨 많은 일들로 인해 모리오리족은 그들의 수많은 금기, 즉 터부(taboo)를 위반할 수밖에 없었다. 모리오리족은 금기 위반이 초래한 도덕적 죄의식으로 인해 괴로워하다가 매일같이 죽어나갔던 것이다.

이러한 일화는 프랑스의 사회학자이자 종교학자인 마르셀 모스(Marcel Mauss)가 「집단성이 제시하는 죽음 관념이 개인에게 미치는 신체적 영향」(1926)이라는 글에서 들고 있는 몇 가지 사례이다. 이러한 죽음의 주인공들은 대부분 유럽 문명에 의해 식민지화되고 착취당했던 원주민들이었다. 그리고 위에서 예로 든 일화 외에도 이러한 원주민들이 '마법'과 '죄의식'에 의해 얼마나 쉽게 죽을 수 있는지를 언급하는 인류학 보고서는 무수히 많다.

그러나 이러한 쉬운 죽음과는 대조적으로, 거의 벌거벗은 채 강렬한 햇빛을 받으며 초원과 숲을 누볐던 그들의 신체적 강건함은 대단한 것이었다. 마르셀 모스는 1863년에 대포알을 맞아 턱을 날려버린 어떤 마오리족 사람이 그럼에도 불구하고 얼마나 오래 살았는지를 이야기한다. 막 아이를 낳은 여자도 곧장 일상의 노동으로 돌아가 하던 일을 계속하고 몇 시간을 걸을 수 있었다. 심각한 육체적 상처도 쉽게 나았다. 많은 부족들은 허벅지를 창으로 꿰찌르는 형벌을 가지고 있었는데 이들은 상처를 잘 이겨냈다. 팔 골절은 가벼운 부목을 덧대는 것만으로도 쉽게 치료할 수 있었다.

그러나 마법이나 죄의식 같은 '종교적'이거나 '도덕적'인 원인으로 인해 타격을 입자마자, 그들은 '죽음을 향한 광증(thanatomania)'에 사로잡힌 듯 쉽게 죽어버리곤 했다. 그들의 죽음에 가장 큰 영향을 미쳤던 것은 바로 종교였다. 우리는 흔히 종교가 죽음에 대한 구원론을 제시한다고 믿는다. 즉, 종교는 생전과 사후의 연속성을 보증하고 죽음의 무화(武火)로부터 인간을 구원한다고 생각한다. 그러나 위의 사례는 반대로 종교적인 관념이 얼마나 쉽게 사람들을 죽게 만들 수 있는지를 보여준다.

죽음의 교육학

마르셀 모스가 이야기하는 원주민들의 경우, 마법에 걸렸거나 치명적인 죄를 지었다고 믿는 순간 개인은 생명에 대한 모든 통제력을 상실한다. 그는 주술이나 죄로 인해 자신의 생명을 지탱해주는 성스러운 힘과의 교감을 상실했다고 믿는다. 성스러움의 상실은 신체적인 죽음으로 귀결된다. 모스가 인용하는 골디라는 사람의 이야기를 좀더 들어보자.

극심한 우울증과 살려는 욕망의 결여로 인해 길거나 짧은 기간 이후에 죽음에 이르게 되는 이러한 숙명론적 경향은 유달리 민감한 신경 체계에 작용하는 미신적인 공포 때문이다. 누구도 이런 흥미로운 우울증의 형태로부터 죽음의 근본적인 이유를 설명하려 하지 않았다. 통상적으로 희생자가 '죽음을 의지하는' 것이라고 생각하지만, 우리는 치명적인 결과를 야만인들의 의지력 탓으로만 돌릴 수는 없다. 마오리족 정신의 주요한 특징은 불안정성(instability)이다. 그의 정신적 평형상태는 수천 가지의 일상적인 작은 사건들의 수중에 놓여 있다. 그는 외적 상황들의 장난감이다. 그의 두뇌는 도덕적이며 지적인 문화가 가지고 있는 사건의 영향력을 지연시키는 과정에 종속되어 있지 않기 때문에 고도로 문명화된 민족들의 특성인 정신적 균형이 결여되어 있다. 그는 자신을 다스릴 수 없다. 그는 매우 시시한 이유들로 인해 웃거나 울 것이다. 그러나 기쁨이나 슬픔의 폭발이 순식간에 그에게서 사라질 수도 있다……. '남해 섬의 히스테리증'이라고 불리는 흥미로운 정신 상태에서, 환자는 예비적인 우울의 시기를 거쳐 갑자기 격하게 흥분하게 되며, 칼이나 어떤 무기를 움켜쥐고 마을로 돌진하여 그가 만나는 모든 사람을 난도질하며 끝없는 손상을 입히는데, 이것은 그가 마침내 탈진하여 쓰러질 때까지 계속된다. 만약 그가 칼을 발견할 수 없다면, 그는 바닷가 모래톱으로 돌진하여 자신을 물속에 내던지고 구조되거나 익사할 때까지 몇 마일을 헤엄칠는지도 모른다. 갑작스럽고도 깊은 정신적 우울증이라는 정반대 상태가 그런 것처럼, 이러한 격한 히스테리증의 흥분은 모든 섬사람들에게 공통적인 것이다.[1]

이러한 설명은 죽음이 단지 생리학적인 현상이 아니라는 것을 우리에게 알려준다. 위에서 언급한 원주민들은 사회가 정한 도덕률과 종교적 터부를 위반함으로써 생기는 심리적인 불균형 상태를 견디지 못하고 죽음을 맞이한다.

예컨대, 사모아 원주민들은 금지된 음식을 먹은 사람은 반드시 복수를 당한다고 믿었다. 가령 먹힌 동물이 그것을 먹은 사람 안에서 말을 하고 그 사람을 파괴하고 내부에서부터 그를 먹어치워 죽인다는 것이다. 터부에서 비롯되는 이러한 죽음 관념은 사회가 개인에게 교육시키는 것이다.

저주의 말을 들으면 죽는다는 관념도 사회적인 교육과 학습의 결과이다. 전염병이 마법이나 저주에 의한 것이라는 관념도 교육된 것이다. 이처럼 인간의 죽음조차도 종교적이며 도덕적인 교육과 학습의 대상이 될 수 있다. 도덕과 종교에 의한 죽음 관념이 심리적인 공황 상태를 유발하고 이로 인해 신체적인 기능이 마비되고 정지하는 현상이 발생하는 것이다.

각 사회마다 의식적이든 무의식적이든 그 나름의 독특한 '죽음의 교육학'이 존재한다. 종교는 '죽음의 교육학'에서 중심적인 역할을 수행한다. 종교가 몸과 정신의 관계를 어떻게 설정하는가에 따라 '죽음의 교육학'이 달라질 수 있는 것이다. '죽음의 교육학'이 존재한다면 반대 개념인 '죽음의 치유학' 또한 존재할 것이다. 질병의 치료 또한 교육될 수 있다. 의례를 통해 질병이 치유될 수 있다는 믿음은 일정 부분 종교적인 교육의 산물이다. 그렇게 교육된 정신적인 믿음에 의해 실제로 몸의 치유가 일어날 수 있다는 것은 자명한 사실이다.

인간의 몸은 사회적인 환경과 분리된 독립적인 것이 아니다. '몸-정신-사회'는 항상 서로 교류한다. 그러므로 위에서 언급한 죽음 현상을 제대로 이해하기 위해서는 '생리학(physiology)'의 몸과 '심리학(psychology)'의 정신과 '사회학(sociology)'의 종교와 도덕이라는 세 가지를 동시에 고려할 수 있어야 한다. 종교와 도덕이 심리학적인 정신에 영향을 미치고, 이러한 정신이 다시 생리학적인 몸을 결정짓는다. 사회학적인 환경이 몸에 영향을 미치고, 이러한 몸이 그에 걸맞는 독특한 정신을 형성하기도 한다. 이러한 연쇄반응에 의해 인간의 몸은 부단히 교육된다.

그러나 우리는 인간의 몸을 사물처럼 다루는 데 길들여져 있다. 그래서 우리는 사물을 다루는 '사물학'을 '인간학'에 적용하여 인간 현상을 설명하곤 한다. 몸이 어떤 고유한 본질을 지닌 채 천부적으로 운명지어졌다고 믿는 것이다. 그래서 몸과 관련된 모든 현상은 선천적이고 자연적이고 보편적인 것이라고 여기곤 한다. 그러나 몸에 대한 믿음과 그와 관련된 현상의 대부분은 역사-문화적인 상상력에 의해서 빚어진 것이다. 특히 종교의 역사 안에서 우리는 인간이 몸에 대해서 전개해 온 다양한 '몸의 상상력'을 발견할 수 있을 것이다.

회상의 힘: 대항기억 혹은 반(反)-기억

우리는 인간의 욕망이나 본능이 타고난 자연스러운 것이라고 오해하곤 한다. 그러나 현대인의 본능이 과거인의 본능과 같을 리 없다. 종교를 위시해서 인간이 지닌 불멸적인 모든 것은 끊임없이 역사적인 발생과 성장과 타락이라는 부침의 경로를 밟아 왔다.

몸의 본능 또한 느린 정교화의 과정을 거쳐 만들어진 것이다. 미셸 푸코(M. Foucault)가 말하듯이, 몸은 생리학의 법칙을 일탈한다. 몸은 노동, 휴식, 휴일의 리듬에 의해 시공간적으로 분해되고 음식, 가치, 식습관, 도덕법칙에 의해 인공적으로 재구성된다.[2] 우리의 몸은 세부적이고 우연적인 사건들이 중첩되고 교차하면서 서서히 만들어진 것이다.

몸의 욕망과 본능 또한 타고난 것 이상으로 교육되고 학습된 것이다. 식욕, 성욕, 수면욕 또한 교육과 학습의 과정을 거쳐서 만들어진 결과물이다. 욕망에 대한 담론들이 가장 쉽게

범하는 오류는 자꾸만 '순수한 욕망'의 존재를 가정한다는 점
이다. 그러나 '순수한 욕망'이란 논리적으로만 존재할 뿐 실제
로는 결코 존재하지 않는 것이다. 인간적인 어떤 것도 자기 인
식이나 타자 이해를 위해 불변적인 토대로서 기능을 할 만큼
충분히 안정적이지 않다.

인간학적 보편모델에 입각하여 전제되는 몸은 결코 절대적
인 진리치를 갖는 그런 것이 아니다. 보편이란 단지 '집단적인
기억'의 산물일 뿐이다. 진리란 진리로서 기억된 것이다. 그러
므로 몸에 대한 우리의 관념에 문제가 있고, 그래서 문제 많은
몸을 문제없는 몸으로 변화시키는 데 장애가 있다면, 우리는
먼저 몸에 대한 기억을 수정해야만 한다. 우리는 과거 역사가
만들어놓은 인공적인 몸의 기억을 전복시키는 '대항기억' 혹
은 '반-기억(counter-memory)'을 회상해내야만 한다.

철학에서 보편성을 지닌 것이라고 가정하는 선험성조차도
결국은 '역사적인 선험성' 혹은 '민족적인 선험성'일 수밖에
없다. 선험성조차도 교육되고 학습된다. 칸트(I. Kant)가 말하
는 선험성은 유럽적인 기원과 역사 속에서 만들어진 선험성이
다. 그러므로 칸트의 선험성이 나의 선험성이거나 오스트레일
리아 원주민의 선험성일 수는 없다. 오히려 우리는 문화적인,
역사적인 혹은 민족적인 선험성을 이야기해야만 한다.

웃음과 울음조차도 순전히 자연적인 것은 아니다. 아이들은
언제 웃고 언제 울어야 하는지를 학습한다. 마르셀 모스가 말
하듯이 사람(person)이란 다양한 사회적, 문화적, 역사적 층위

가 아로새겨진 비밀스럽고도 불가해한 '지성소(sanctuary)'이다. 사람의 몸과 의식은 사회의 성스러운 가치들이 저장된 압축파일이다.

사회적 본능: 자연은 없다

이성이나 자유라는 개념 또한 기억과 학습의 산물이다. 천부적으로 이성과 자유를 지닌 인간이라는 개념은 유럽 근대사에서 특정한 계기를 통해 탄생한 개념일 뿐이다. 차라리 이성과 자유의 역사는 은밀한 기만의 역사였다. "인간은 이성적이다"라는 말은 사실의 진술이라기보다는 "인간은 이성적이어야만 한다"라는 당위의 진술이다. 이성과 자유에 대한 강조는 역설적으로 근대사회의 '비이성'과 '부자유'를 변명하기 위한 알리바이로써 기능했을 뿐이다.

마찬가지로 상상력과 그것에 의해 만들어지는 상징체계 또한 인간 본연의 순수한 것은 아니다. 역사마다 문화마다 '종교적인 구원론'이 다르다는 사실은 결국 '종교적 상상력'의 차이에서 기인한 것이다. 상상력은 사회적인 교육과 학습에 의해 훈련되는 것이고, 상상력의 유사성에 의해서 비로소 상징의 소통도 가능해진다. 상징은 결코 개별언어를 초월하는 보편언어가 아니다.

상징은 그 자체의 특유한 사회적 생명력을 가지고 있으며 '정신적인 울림(mental reverberation)'에 의해 무한히 자신을 증

식시키는 경향을 가지고 있다. 동일한 상상력과 상징을 갖는다는 것은 결국 동일한 '사회적 본능(social instinct)'[3]을 학습했다는 의미이다. 상징은 집단적인, 즉 사회적인 산물이다.

> 울음과 말,－예컨대 에티켓과 도덕성－몸짓과 의례는 기호이며 상징이다. 근본적으로 그것들은 번역이다. 참으로 그것들이 번역하는 일차적인 것은 집단(group)의 현존이다.[4]

기억이나 예측이라는 시간 범주 또한 민족에 따라 차이가 난다. 유럽인이 과거를 회상하는 방식과 한국인이 과거를 회상하는 방식은 다를 수밖에 없다. 어떤 민족은 고통의 역사만을 진정한 역사로 기억하고, 어떤 민족은 영광의 역사만을 진정한 역사로 회상한다. 그리고 과거에 일어났던 무수한 사건들 가운데서 기억할 만한 사건을 선택하여 이야기로 재구성하는 방식 또한 민족에 따라 달라진다. 마찬가지로 미래에 대한 예측 방법 또한 교육되고 학습된다.

법률의 위반, 즉 범죄 행위는 '사회적인 기대'의 위반을 의미한다. 우리는 질서란 이러저러한 것이라고 알고 있다. 이렇듯 질서도 학습의 산물이다. 나에게 질서인 것이 타인에게는 무질서일 수 있다.

예술, 시, 소설, 음악, 놀이 또한 예측과 기대의 범주 안에서 형성된 것이다. 예컨대 소설 속의 이야기를 읽으면서 우리는 사건의 전개 방향을 예측하고 사건의 반전을 통해 카타르시스를 느끼게 된다. 재미있는 이야기란 우리의 '사회적인 예측 본능'을 잘 조작하는 이야기인 셈이다. 같은 노래를 부르고 같은 리듬을 익히는 것, 같은 가락과 박자에 맞춰 같은 동작을 하는 것, 이런 것들 모두가 우리의 '사회적 본능'을 구성하는 데 기여한다.

감각자료는 단지 주어지는 것이 아니라 선별적으로 취해지는 것이다. 우리는 지각하는 법조차도 학습한다. 그러므로 우리에게는 익숙한 현상이라 할지라도 다른 사람에게는 지극히 낯선 현상으로 읽혀질 수 있다. 종교의 문제 또한 그러한 것이다. 종교는 다양한 사회문화적인 층위들이 교차하는 지점에서 형성된 것이다. 현재 우리는 종교를 '선택(choice)'할 수 있다고 생각한다. 그런데 '이단'을 의미하는 영어단어 'heresy'는 본래 '선택'을 뜻하는 'hairesis'라는 희랍어로부터 유래한 말이다. 자의적인 '선택'이란 정해진 규칙대로 하지 않는 것, 즉 '이단'이었다.

그러므로 종교를 선택할 수 있다는 발상은 지극히 근대적인 것이라 할 수 있다. 현상의 이면을 들춰보면, 현재 우리가 자연스러운 것이라고 생각하는 것들이 역사 속에서 서서히 만들어져 온 것임을 알게 된다. 좀더 과감하게 말하자면, 자연이란 존재하지 않는다.

우리는 도덕성, 예법, 이성 같은 '사회적 본능'을 위반하는 것을 '광기'라고 부른다. 미치지 않기 위해서라도 우리는 계속해서 '사회적 본능'을 받아들여 몸 안에 축적해야 한다. 현재 우리의 몸에는 과거 경험의 무수한 낙인들이 찍혀 있으며, 그로 인해 그 정체를 잘 알 수 없는 수많은 욕망, 결점, 오류들이 발생하곤 한다. 그러므로 몸이 드러내는 오류와 결점을 교정하기 위해서는 먼저 '몸의 역사'를 되짚어볼 필요가 있다. 잊혀진 몸의 역사는 잊혀진 세계를 재발견하게 해줄 것이다. 우리가 망각하고 있는 무한한 '몸의 가능성'을 회상한다는 것은 결국 무의식의 심연에 가라앉은 거대한 우주를 재발견하는 것과도 같은 것이다.

스포츠의 몸과 종교적인 몸

우리의 중심 주제는 '몸의 테크닉(body technique)'이다. '몸의 테크닉'이란 인간이 몸을 조작하고 사용하는 방식과 기술을 가리키는 표현이다. '몸의 테크닉'을 이야기하기 위해 우리가 선택한 예는 근대 스포츠이다. 스포츠는 '몸의 테크닉'의 순수한 모델을 제공한다고 생각되기 때문이다. 우리는 "스포츠가 '몸의 테크닉'을 통해 어떻게 '몸의 상상력'을 제한하는가"라는 질문을 던질 것이다.

이 물음의 답을 찾기 위해서 우리는 줄곧 스포츠와 종교의 경계선에 서서 작업할 것이다. 스포츠의 몸과 종교적인 몸은 얼마나 같고 또 얼마나 다른가? 둘 사이에 도대체 어떤 관계가 있는 것일까? 적어도 표면적인 질문은 이러한 것들이다. 이 글은 스포츠를 통해 '몸의 테크닉'을 분석하는 데서 출발하지만 근대문화의 무의식적인 심층 하나를 건드릴 것이다. 그런 연후에 '몸의 테크닉'이라는 용어를 통해 현대의 종교문화에 대한 비판적 성찰의 지점을 확보하는 것이 목표이다.

근대적인 스포츠는 운동선수가 최소한의 옷차림을 한 채 관객에게 최대한의 몸동작을 보여주는 것을 특징으로 한다. 스포츠의 중심에는 항상 인간의 몸이 놓여 있다. 선천적인 신체 조건과 후천적인 신체 연마가 적절히 결합될 때 스포츠의 몸은 완성된다. 스포츠는 '몸의 교과서'를 만들어내며, 각각의 스포츠 종목은 가지각색의 몸을 전시하는 '몸의 박물관'처럼 느껴진다. 스포츠는 본질적으로 신체적인 불구와 기형이라는 관념을 철저히 배제한다. 스포츠는 표준적인 몸, 이상적인 몸, 완벽한 몸을 제시하는 현장, 즉 '몸의 원형'이 전시되는 현장이다.

스포츠의 몸은 분명히 일상적인 몸이 아니다. 우스꽝스러운 걸음걸이 때문에 보기만 해도 웃음이 나오는 경보(競步)를 떠올려보자. 도대체 무엇 때문에 저렇게 걷는 것일까? 스포츠 경기가 아닌 일상생활에서 경보 선수처럼 걷는 사람이 있다면, 그 사람은 신체장애를 가진 사람으로 여겨질 것이다. 그러나 경보 선수는 무릎을 곧게 편 채 한쪽 발이 항상 땅에 닿게 한 채로 뒤뚱뒤뚱 걸어야만 한다. 그는 걷기 동작을 극도로 확대해서 보여준다. 다시 말해, 경보는 '다리'라고 하는 몸의 특정 부분에 초점을 맞춘다. 집중적인 훈련을 통해 걷기 동작만을 '반복'하고 '과장'한다. 이처럼 스포츠의 몸은 매우 비일상적이고 반복적인 과장된 몸이며, 경기 규칙에 의해 철저히 지배되는 규칙적인 몸이다. 경보의 걷기 규칙을 지키지 않는다면 그것은 이미 경보가 아니다. 이처럼 경보는 '걷기의 테크닉'에 기반한 것이다.

그렇다면 종교의 몸은 어떠한가? 성당이나 교회나 법당과 같은 종교공간에 들어설 때, 우리의 몸동작은 확연히 달라진다. 기도하고 절을 할 때 종교적인 몸동작은 세세한 '규칙'에 의해 지배된다. 종교의례에서는 눈을 감고, 호흡을 고르고, 외부의 소리에 귀를 닫고, 입을 가지런히 모으고, 손바닥을 겹쳐 모으고, 허리를 일정한 각도로 굽히고, 머리를 바닥에 대는 등 세세한 몸동작을 규정된 순서에 따라 반복적으로 행해야만 한다. 이때 눈, 귀, 코, 입, 손, 허리, 머리, 발 같은 신체의 특정 부위에 '예법의 초점'이 맞춰지며 몸짓은 최대한으로 과장된다. 스포츠의 몸처럼 종교적인 몸 또한 비일상적이고 규칙적이며 반복적이고 과장되어 있다.

이처럼 스포츠와 종교의례의 몸은 모두 특수한 '몸의 테크닉'에 의해 훈련된 몸이다. 물론 근대종교에서는 외면세계보다는 내면세계를 강조하고 몸보다는 정신을 중시하기 때문에, 그만큼 몸동작의 중요성이 현저하게 줄어든 것도 사실이다. 이에 대해서는 차후에 다시 자세히 이야기할 수 있을 것이다.

몸의 연금술

근래 유행하고 있는 요가(Yoga)를 예로 들어보자. 요가는 금욕과 명상과 호흡의 테크닉을 위주로 하여 신체를 제어함으로써 의식을 변화시키는 인도의 종교적인 수련법이다. 그러나 요가를 배우는 일반인들은 스스로를 인도종교로 개종한 종교인이라고 생각하지는 않을 것이다. 오히려 그들은 마치 테니스를 배우는 것처럼 요가를 배운다. 하지만 요가는 인도종교의 가장 중요한 의례적 장치 가운데 하나였다. 요가, 단식, 기수련 등은 모두 기원은 다르지만 종교의례에서 파생된 '몸의 테크닉'이다.

역사적으로 종교는 신성과 만나기 위해서 몸을 이용하는 다양한 방법을 사용해 왔다. 여기에는 인간의 유한한 몸을 신적인 몸으로 변형시키고자 하는 노력, 즉 '불사의 몸'에 대한 향수가 짙게 배어 있다. 마찬가지로 그리스도교의 성찬식에서는 빵과 포도주에 의해 신자의 몸이 성스럽게 변화된다고 주장한다. 그렇다면 스포츠의 몸동작에도 비슷한 종교적 향수가 내재해 있는 것은 아닐까? 스포츠와 종교의례에는 '몸의 테크닉'을 통해 낡은 몸을 버리고 새로운 몸을 얻고자 하는 '재생을 향한 욕구'가 스며들어 있다. 양자의 기저에는 황금처럼 변하지 않는 몸을 얻고자 하는 '몸의 연금술' 같은 것이 작용하고 있다. 그렇다면 스포츠와 종교의례의 몸동작은 원래 하나였던 것이 시간이 흐르면서 둘로 분화된 것은 아니었을까?

앞으로 우리는 본래 종교의 영역 안에 응축돼 있던 다양한 '몸의 테크닉'들이 점차 분화되어 하나 둘씩 다른 영역으로 이관(移管)되었던 역사를 추적해볼 것이다. 그 대표적인 영역이 무용과 스포츠이다. 그러나 여기에서 다루게 될 몸은 단지 정신과 대비되는 개념의 몸이 아니다. 오히려 '몸의 테크닉'은 동시에 '정신의 테크닉'이고 '인간의 테크닉'이다. '몸의 테크닉'이란 우리의 몸이 갖는 의식적이며 무의식적인 습관과 기교와 능력의 총체를 가리키는 표현이다.

그러나 스포츠와 종교의 희미한 연결선을 추적하는 이러한 작업이 단지 스포츠와 종교의례의 구조적인 은유에 그쳐서는 안 된다. 우리는 스포츠의 종교의례적인 구조를 확인함으로써 근대문화 속에서 스포츠가 어떤 의미를 지니는지를, 그리고 스포츠가 어떤 문화적인 기능을 수행하는지를 고찰할 수 있어야만 한다.

우리는 스포츠와 종교의 경계선을 보다 구체적으로 확인하기 위해 '몸의 테크닉'과 '희생제의'라는 두 가지 분석범주를 도입할 것이다. '몸의 테크닉'은 스포츠와 종교가 문화현상 속에서 서로 만나는 표층적인 지점을 확인하기 위한 것이고, '희생제의'는 스포츠와 종교의례가 지니고 있는 심층구조를 확인하기 위한 것이다. 이를 위해 우리는 '몸의 상상력'과 '몸의 테크닉'의 관계라는 문제를 논의할 것이며, 이에 기반하여 스포츠의 희생제의 구조를 도식화하는 방향으로 나아갈 것이다. 그러나 이에 앞서 우리는 '몸의 테크닉'의 종교적이며 역사적인 맥락을 개략적으로 살펴보아야만 한다.

호모 두플렉스: 집단적 구원론과 개인적 구원론

고체의 논리학

몸은 생명의 수만큼 많이 있다. 그러나 몸다운 몸을 만나는 것은 지극히 드문 일이다. 우리의 몸은 항상 옷감에 싸여 있고 양손과 얼굴만을 노출하고 있을 뿐이다. 뭔가를 만지작거리기 위한 손가락과 보고, 듣고, 맛보고, 냄새 맡기 위한 얼굴만을 내놓은 채, 몸은 그렇게 외부세계와 차단되어 있다.

이때의 몸은 촉각, 시각, 청각, 후각, 미각이 혼합하여 만들어내는 감각적인 몸이다. 이런 몸은 마치 양손과 머리에 집중된 오감만이 전부인 양 그렇게 감각으로만 축소되어 있다. 감각적인 몸이 지배하는 세계에서는 당연히 인간의 정체성도 얼굴과 손가락을 통해 형성된다. 얼굴과 손가락이 세계와 만나는 통로가 되는 것이다. 그러나 감각적인 몸이 단지 몸의 일부일 뿐인 것처럼, 감각적인 세계 또한 세계의 일부일 뿐이다. 감각적인 몸으로는 비감각의 세계를 만날 수 없다.

근대적인 과학 담론은 대개 몸의 감각을 기반으로 한 것이었다. 그러나 신체 감각을 통해 인지한 경험주의적 사실이 지식과 믿음의 확실한 기반일 수는 없다. 왜냐하면 지식의 척도인 몸의 감각이란 결코 선험적이며 불변적인 것이 아니기 때문이다. 오히려 몸의 감각은 역사와 문화 속에서 끊임없이 변형되고 굴절되며 생성하고 소멸한다. 요컨대 몸의 감각은 주어지는 것이 아니라 만들어지는 것이다.

민족과 역사에 따라 몸의 감각 능력이 달라지는 것은 당연하다. 현재 우리의 세계에서처럼 시각이 다른 감각을 압도하는 '시각 과잉'의 문화도 있고, 시각보다는 청각이 지배적인 문화도 있다. 따라서 감각의 위계와 감각의 우위 또한 문화와 역사에 따라 차이를 보인다. 그러므로 감각의 해부학을 통해 감각을 표준화하고 이를 통해 모든 인간의 공통감각을 가정하는 것은 근대가 만들어낸 '감각의 신화'일 뿐이다. 감각의 문제가 여기에서 그치는 것은 아니다. '감각의 표준화'는 항상 그에 상응하는 '의식의 표준화'를 수반하기 때문이다. 마찬가지로 몸을 신체 감각으로 축소시키는 '몸의 축소'는 인간의 의식의 영역을 감각 세계에 국한시키는 '의식의 축소'를 가져온다.

앙리 베르그송(Henri Bergson)의 말을 빌자면, 현재 우리의 논리학은 죽어있는 대상 안에서만, 다시 말해 고체 안에서만 편안함을 느끼는 '고체의 논리학(logic of solids)'에 기반하고 있다.[5] 액체는 어떤 용기에 담기는가에 따라 끊임없이 자신의 형상을 변형시키고, 기체는 비가시적이지만 떠돌면서 다른 사물과 자유자재로 융합한다. 반면에 고체는 변형과 융합에 저항적이고 시각적인 가시성에 의해 자기정체성을 유지한다.

그러나 생명이란 쉴새없이 꿈틀거리며 변화하는 것이다. 몸은 생명이다. 그러므로 '고체의 논리학'으로는 도저히 생명이나 몸의 문제를 다룰 수 없다. 위에서 말한 것처럼, '고체의 논리학'은 살아있는 것조차도 죽어있는 것으로 가정하는 '죽음의 논리학'이다. 이러한 '죽음의 논리학'으로는 도저히 생명의 저장소이자 생명 자체인 몸을 이해할 수 없다. '고체의 논리학'은 인간조차도 생명이 제거된 '사물'처럼 취급한다. 그러므로 몸을 이해하기 위해서는 '고체의 논리학'이 아닌 '액체의 논리학'과 '기체의 논리학'을 구사할 수 있어야 한다. 몸은 불변성을 지향하는 가시적인 고체이기보다는, 변형되고 성장하고 다른 몸과 융합하여 새로운 몸을 낳는 액체적이고 기체적인 것이다.

호모 두플렉스(Homo Duplex)

인간은 이중적인 존재이다. 인간은 특이성과 자발성과 창조성을 가진 자유로운 주체로서 자기의 몸과 인격을 창조하는 '개별적인 존재'이다. 그러나 인간은 보편적이고 예측가능한 행동양식을 습득하여 사회가 요청하는 일정한 역할을 수행하는 '사회적인 존재'이기도 하다. 인간은 생물학적 본능과 의식을 지닌 '개별적인 존재'일 뿐만 아니라, 도덕성을 지닌 '사회적인 존재'이기도 하다.

에밀 뒤르켐(Émile Durkheim)은 이러한 이중적인 존재 방식을 가진 인간을 '호모 두플렉스', 즉 '이중적인 인간'이라고 명명한다. 뒤르켐은 개인적인 존재가 사회적인 존재에 의해 길들여지지 않을 때 사회는 무규범 상태인 '아노미(anomie)'에 빠져들 것이라고 경고한다. 이런 맥락에서 보면 개인은 '카오스(chaos)'이고, 사회는 개인의 본유적인 '카오스'를 정화하고 거기에 질서를 부여하는 후천적인 '코스모스(cosmos)'인 셈이다. 그렇다면 인간의 몸은 개인적인 몸과 사회적인 몸이 충돌하고 타협하는 전투 장소라고 할 수 있다. 뒤르켐에 의하면 의례와 축제가 사회적인 인간을 형성하는 중요한 수단이 된다고 한다. 집단 구성원이 함께 모여 만들어내는 '의례적인 열기'야말로 개인적인 인간이 사회적인 인간으로 변형되는 주요 수단인 셈이다.

이러한 뒤르켐의 주장에서 우리는 오로지 사회를 통해서만 개인이 구원을 얻을 수 있다는 '사회적 구원론'을 발견한다. 에밀 뒤르켐과 마르셀 모스는 오스트레일리아 원주민 사회의 토테미즘(totemism)을 분석하면서, 그곳에서는 사회활동을 구성하는 최소단위가 개인이 아니라 집단이라고 이야기한 바 있다. 이러한 원시사회에서는 구성원의 단위 또한 개인이 아니라 집단이 된다. 정리하면, 원시사회로부터 전통사회를 거쳐 근대사회로 옮아가면서 사회활동의 단위가 '집단에서 개인으로' 변화함에 따라, 동시에 종교적 구원의 단위 또한 '집단에서 개인으로' 변화했다는 것이다. 근대사회의 모든 사회적 단위는 적어도 형식적으로는 개인이다.

우리가 그토록 익숙하고 당연하게 생각하는 '개인(individual)'이라는 관념은 근대의 탄생과 더불어 서서히 정교하게 다듬어져 온 것이라 할 수 있다. 그러므로 개인이라는 관념이 존재하지 않았거나 전혀 중요하지 않았던 사회에서는 '개인의 자유'라는 문제 또한 제기될 수 없었을 것이다. '개인의 발견' 내지 '개인의 발명'이 역사의 어느 순간부터 서서히 이루어지기 시작했고, 이로 인해 구원의 단위와 종교의 단위가 달라졌다면, 이러한 사실은 우리가 근대적인 종교현상을 이해하는 핵심적인 실마리를 제공해줄 것이다. 그렇다면 이러한 과정 속에서 '몸'이라는 개념은 어떤 굴절을 겪었을까?

우리는 뒤르켐과 모스의 주장과는 다소 다른 내용을 종교개혁의 도화선이 되었던 마르틴 루터(Martin Luther)에게서 찾아볼 수 있다. 루터는 자유롭고 종교적인 개인으로서의 '내적 인간(Home Internus)'과 사회적으로 조건지어진 세속적인 인간으로서의 '외적 인간(Homo Externus)'을 구별한다. 그리고 인간은 '내적 인간'을 통해서만 신과 소통할 수 있으며, 인간의 구원이 이루어지는 것 또한 '내적 인간'의 자리에서만 가능하다고 주장한다. '외적 인간'은 사람마다의 '차이(difference)'에 의해 특징지어지는 것이지만, '내적 인간'은 절대자인 신과 교류할 수 있는 인격으로서 전체 인간의 '동일성(identity)'을 가능하게 하는 것이다. 그리고 이러한 '내적 인간'에 대한 주장으로 인해 모든 사람은 신 안에서 하나라는 평등의 논리가 생겨난다. 가장 중요한 점은 인간의 본유적인 '동일성'을 가정함으로써 신과 일대일로 결판을 짓는 '개인적 구원론'이 가능해졌다는 사실이다. 이것은 '일대일의 구원론'이 구원의 지배적인 패러다임으로 자리잡기 시작했음을 보여준다.

몸의 테크닉과 정신의 테크닉

초기 그리스도교는 그리스도가 재림하여 머지않아 최후의 심판이 있을 것이라는 것을 신앙의 핵심으로 삼았다. 원래 이러한 최후의 심판은 '종말론'과 이에 따른 '집단적 구원론'에 근거한 것이었다. 그러나 그리스도의 재림이 계속해서 지연됨에 따라 우주론적이며 집단적인 종말론은 설득력을 잃게 되었다. 그리하여 차후로는 '종말론'보다는 '개인의 죽음'이 더 중요한 종교적인 사건으로 취급되었다. 이를 통해 그리스도교 신앙이 '개인의 죽음'과 '영혼의 구원'이라는 틀로 재편되는 과정을 거치게 된다. 개인의 영혼(soul)이 종교의 핵심으로 자리잡기 시작한 것이다. 그 대표적인 사건이 16세기에 일어난 프로테스탄트 종교개혁(Protestant Reformation)이다.

오늘날 우리가 개신교라고 부르는 프로테스탄티즘은 기원상 몇 가지 특징을 지닌다. 첫째, 인간을 영(spirit)과 육(flesh), 혹은 정신과 신체로 구분하는 극단적인 이원론이 있다. 육체는 사람마다의 차이를 결과하는 것이고, 정신은 사람들의 동일성을 가능하게 하는 것이다. 피부색, 인종적 특이성, 개인의 신체적 특징 같은 육체의 영역은 사람들을 구분하고 분열시키는 차이를 만들어낸다. 따라서 가시적인 육체는 사람들의 위계와 차이를 결정하는 세속적인 것이 된다. 육체는 너무도 명확한 차이를 만들어내기 때문에 어떻게 손을 쓸 수 없는 것이다. 그러나 정신은 비가시적인 것이기 때문에, 정신의 동일성에 대한 가정은 사람들을 '인간(human)'이라는 하나의 범주로 묶어낼 수 있는 힘을 갖는다.

육체는 서로 다르지만 그럼에도 불구하고 정신은 동일하다는 가정, 바로 이 지점에서 프로테스탄티즘은 육체의 영역을 포기하고 정신의 영역으로 옮겨갔다. 인간적인 어떤 육체도 나에게는 낯선 것이다. 그러나 인간적인 어떤 정신도 나에게는 낯설지 않다. 인간을 둘로 쪼갬으로써 인간이라는 범주가 가능해졌던 것이다. 차후로 프로테스탄티즘은 몸을 신과 만날 수 있는 성스러운 몸으로 변형시키는 '몸의 테크닉'을 포기하고, 오로지 신을 만나기 위해 필요한 성스러운 정신만을 연마하는 '정신의 테크닉(spiritual technique)'인 것이다. 육체에 대한 혐오, 차이에 대한 경멸, 정신에 대한 선호, 동일성에 대한 갈망이 이러한 세계관을 지배한다. 그리고 이러한 도식은 몇 가지 연쇄적인 이원론을 가능하게 한다.

둘째, 이로 인해 '신화'와 '의례'의 이분법이 생겨난다. 프로 테스탄티즘에서 '성서(Scripture)'로 대표되는 신화는 신의 말씀이 화현한 로고스(Logos)의 산물이 된다. 그러나 '성사(Sacrament)'로 대표되는 의례와 예배는 순전히 인간이 만들어낸 것으로서 인간이 감히 신의 의지를 제어하겠다는 발상을 담고 있는 주술이 된다. 의례의 핵심에는 그저 규칙대로만 하면 원하는 일이 이루 어진다는 믿음이 내재해 있다. 이러한 맥락에서 '종교(religion)' 와 '주술(magic)'의 이분법이 도출되는 것이다. 종교는 신의 로 고스가 녹아들어 있는 경전과 신화를 기반으로 한 것이고, 주 술은 인간적인 행동과 의례에 근거한 것으로 평가된다. 종교 는 신과의 정신적 의사소통을 추구하지만, 주술은 신과의 육 체적 의사소통을 추구한다. 종교는 신의 정신세계를 모방하지 만, 주술은 신의 동작을 모방한다. 종교는 정신과 관련된 것이 어서 '인간'이나 '인류'를 포괄하지만, 주술은 육체와 관련된 것이어서 '인종'과 '민족'에 국한된 것이다. 요약하면 종교는 '정신의 테크닉'으로, 주술은 '몸의 테크닉'으로 평가되었던 것이다. 이로써 프로테스탄티즘에 의해 의례에서 신화로 종교 의 중심 이동이 본격적으로 이루어졌던 셈이다.

셋째, '성서'와 '우상(Idol)'의 이분법이 도출된다. 의례에서 숭배의 대상이 되는 '성상'은 비가시적이고 무한한 신을 가시적 이고 유한한 물질에 가두어 타락시키는 '우상'으로 평가된다.

모든 '성상(icon)'이 '우상'으로 번역되는 것이다. 그러므로 프로테스탄티즘의 신화중심주의는 '성서중심주의(sola scriptura)'로 귀착되고, 반-의례주의(anti-ritualism)는 '성상파괴주의(iconoclasm)'로 귀결된다. 이처럼 프로테스탄티즘의 종교개혁은 종교의 영역으로부터 '의례'와 '성상'을 제거하는 과정이었다. 그러나 이러한 탈-의례화(de-ritualization) 과정을 통해 종교는 '몸의 테크닉'과 관련된 몇 가지 중요한 핵심 요소를 상실하게 되었으며, 그 결과는 매우 중요한 것이었다. 금욕주의, 에로티시즘, 엑스터시, 빙의(憑依)와 같은 '종교적인 몸'들이 폐기되었던 것이다.

금욕주의라는 뜻을 가진 영어 단어 asceticism의 어원은 그리스어 'askesis'이며, 이 말은 군인과 운동선수의 육체적인 '훈련(training)'을 의미한다. 기원전 5세기경에 이 단어는 철학자들에 의해 정신을 연마하기 위한 신체적인 양생법을 가리키기 위해 사용되었으며, 기원전 4세기의 플라톤 이후로는 몸의 욕망을 제어함으로써 정신을 정화하기 위한 기술을 가리켰다. 헬레니즘의 분위기에서 발전한 그리스도교가 '정신적인 완전성을 탐구하는 신체적인 훈련'인 이러한 개념을 물려받은 것은 당연했다. 그러나 그리스도교는 금욕적인 신체적 훈련을 구원 개념과 연결시켰다는 점에서 차이를 보인다. 심지어 초기 그리스도교 성인들은 종종 "그리스도의 병사(soldiers of Christ)"나 "신의 운동선수(athletes of God)"라고 일컬어졌다.[6] 그러나 4세기 이후 구원과 접목된 금욕주의는 점차 수도원 운동으로 표출된다. 수도원은 신체적인 금욕뿐만 아니라 사회로부터의 분리를 의도했다. 보통 금욕은 식욕과 성욕의 절제를 의미한다. 그러나 수도원 운동을 통해 금욕주의는 식욕, 성욕, 소유욕, 수면욕, 말하기의 욕구까지 그 범위를 넓혀갔다. 금욕주의를 통해 전반적인 몸의 욕망을 관리하기 시작했던 것이다.

금욕주의는 몸보다는 정신을 우위에 두는 우열의 이원론에 기반한다. 그러나 금욕주의가 비록 몸에 대한 부정적인 인식을 통해 형성된 것임에도 불구하고, 우리는 그 이면에 주목해야 한다. 금욕주의는 '몸의 훈련', 즉 '몸의 테크닉'을 통한 구원이라는 관념을 중심으로 한다. 아무리 부정적으로 평가한다고 할지라도, 여전히 몸은 구원의 필수적인 중심축이다.

이와는 대조적으로, 프로테스탄티즘은 '금욕에 의한 구원'이 아니라 '은총에 의한 구원(sola gratia)'을 강조했다. 다시 말해서, 구원은 인간의 노력에 의해서가 아니라 '신의 선택'에 의해서만 가능한 것이 되었다. 이때 중요한 것은 '몸'이 아니라 '정신'이고, '행동'이 아니라 '믿음'이다. 이러한 프로테스탄트적 세계관에서 종교는 철저히 '정신'의 영역에 할당되며, '몸'은 종교적인 담론과 실천 영역 밖으로 밀려난다.

금욕주의는 몸의 훈육을 통해 정신을 성스럽게 조형하는 것이다. 이때 몸은 정신의 거울이 되며, '몸의 테크닉'은 항상 '정신의 테크닉'을 의도한다. 세속적인 몸은 욕망으로 뒤엉켜 있는 것이어서 성스러움을 감당할 수 없다. 따라서 인간이 성스러움에 참여하기 위해서는 인간의 몸을 먼저 성스럽게 만들어야 하는 것이다. 그러므로 금욕주의에서 '몸의 성스러움'은 '정신의 성스러움'과 등가적인 것이다.

그러나 종교개혁을 거치면서 '몸의 테크닉'은 '정신의 테크닉'으로부터 분리되었다. 즉, '몸의 테크닉'은 세속의 영역에, '정신의 테크닉'은 신성의 영역에 할당된 것이다. 수도원 운동이 '몸의 테크닉'을 사회로부터 분리시켰다면, 종교개혁은 다시 '몸의 테크닉'을 종교로부터 분리시켰다. 물론 종교 안에서 금욕주의가 설득력을 얻었다는 것은 종교 외부를 향해 소비할수 있는 종교적인 에너지가 그만큼 감소했다는 것을 의미한다. 그때부터 종교는 에너지를 내부로 집중시키며, 이로 인해 금욕과 고행이 높은 도덕적 가치를 부여받게 되었던 것이다. 금욕주의는 프로테스탄트 종교개혁과 무관한 것은 아니다. 외부세계보다는 내부세계를 중시하는 이러한 분위기 속에서 그리스도교는 서서히 자신을 순수한 '의식(consciousness)의 종교'로 정신화시켜 나갔던 것이다.

종교의 내면화

정치적이며 철학적인 사유의 형성에 기여한 17세기와 18세기 종파 운동들의 중요성은 아무리 강조해도 지나치지 않다. 그것들이 개인의 자유와 개인의 양심이라는 문제, 신과 직접 소통하고 자기 자신이 사제가 되고 내적인 신을 갖고자 하는 권리라는 문제를 제기했다. 모라비아 형제단

(Moravian Brothers), 청교도(Puritans), 감리교도(Wesleyans), 경건주의자(Pietists)의 관념들이 바로 사람＝자기(self)이고 자기＝의식이며, 자기가 의식의 근원적인 범주라는 관념을 확립하는 토대를 구성하는 것들이다.　　—마르셀 모스[7]

다시 여기에서 우리는 프로테스탄티즘의 네 번째 귀결을 평가해야 한다. 그것은 '경전'과 '번역'의 문제이다. 종교개혁은 인쇄술의 발달과 '번역주의'에 근거한 것이다. 라틴어 성서가 각 민족의 자국어로 번역되고, 인쇄술의 발달을 통해 성서의 대량 유포가 가능해졌고, 이제 비로소 누구나 성서를 읽고 소유할 수 있는 가능성이 열린 것이었다. 이로써 성서의 말씀을 통해 구원을 얻을 수 있다는 '성서중심주의'가 가능해졌다. 또한 '성서중심주의'는 의례보다는 신화를, 실천보다는 믿음을 강조함으로써 '신앙중심주의(sola fide)'를 가져왔다. 성서의 소유와 '독서'가 일대일의 개인적인 구원론에 미친 영향력은 분명히 과소평가할 수 없는 것이다.

다섯 번째로 언급할 것은 '만인사제설(萬人司祭說)'이다. 중세의 로마가톨릭에서는 의례를 통해 사제가 인간과 신을 매개하는 역할을 수행했다. 세속적인 인간이 혼자서 맨몸으로 성스러운 힘과 직접 대면한다는 것은 상상할 수도 없는 일이었다. 그래서 대부분의 종교 안에는 성스러운 힘을 완화시켜 인간에게 전달하기 위한 복잡한 완충장치가 내장되어 있었다. 사원(temple), 사제(priest), 의례는 모두 인간을 성스럽게 하고,

역으로 성스러움을 인간화하는 매개장치라고 할 수 있다. 그러나 종교개혁을 통해 사제와 사원은 불필요한 것이 되었다. 누구나 성서를 통해 신의 말씀과 직접 만날 수 있는 길이 열렸기 때문에, 이제 누구나가 사원이자 사제였던 것이다. 이러한 논리에서 '몸-의례-사제-사원'이라는 계열이 '정신-성서-기도-개인'이라는 계열에 의해 대체되었다. 이로써 사원에서 사제가 주관하는 의례에 직접 참여하는 '신체적인 개인'이 아니라, 성서를 읽고 정신 공간 안에서 기도를 통해 신과 대면하는 '정신적인 개인'이 탄생하게 되었던 것이다.

여섯 번째로 언급할 것은 '기도(prayer)'가 의례의 중심축으로 부상하기 시작했다는 사실이다. 원래는 의례의 한 요소에 불과했던 '기도'가 희생제의, 입문식, 신년축제 등의 기존의 복잡했던 의례들을 대체했다. '기도'는 무엇보다도 말을 중심으로 하는 의례이다. 따라서 기도는 프로테스탄티즘의 가장 강력한 의례적 장치로 기능했다. 세례와 성찬식이라는 최소한의 의례적 상징만을 보유한 채, 프로테스탄티즘은 기도를 제외하면 전체적으로 탈-의례주의 혹은 반-의례주의를 고수했다. 형식적인 의례, 빈껍데기만 남은 의례는 영혼의 울림이 없는 자동기계장치와도 같은 것이라 생각했기 때문이다. 이렇게 몸짓에 의한 의례가 쇠퇴하고 말에 의존하는 '기도'의 역할이 커지면서 어떤 결과가 유발되었을까? 그것은 종교의 정신화(spiritualization) 혹은 내면화(interiorisation)와 종교의 개인화(individualisation)라는 현상을 가져왔다.[8] 이제 종

교적인 활동은 현실공간보다는 내면공간에서 펼쳐지게 되었
으며, 이로 인해 종교의 단위가 집단에서 개인으로 전환되었
다. 그리고 종교의 내면화와 개인화를 통해 점차 '인간성'이라
는 범주가 공고해지고, 이를 통해 정신의 표준화가 이루어졌
던 것이다.

인간의 탄생과 개인주의

　지금까지의 이야기는 프로테스탄트 종교개혁이 갖는 여러
특징들을 체계화함으로써, 이러한 움직임이 근대적인 인간의
탄생과 어떻게 연결되는지를 추정하기 위한 것이었다. '인간'
이나 '인간성'이라는 개념 범주가 하루아침에 만들어진 것은
아니다. 그것은 오랜 세월에 걸쳐 서서히 형성된 것이다. 특히
'인간'이라는 범주는 그리스도교와 같이 끊임없이 타민족을
그리스도교 신자로 만들고자 했던 선교중심적인 종교에 의해
서서히 확장된 것이었다. 마르셀 모스는 이런 종교를 '개종의
종교(proselytising religion)'라고 명명한다. 선교는 인간의 동질
성에 대한 가정을 통해서만 효과적으로 기능한다. '너'와 '나'
는 전혀 다른 것이 아니라 본래는 같았지만 우연적인 환경에
의해서, 악마의 농간에 의해서, 인간의 육체적인 욕망에 의해
서, 신의 형벌에 의해 달라진 것일 뿐이라는 논리가 그것이다.
'너와 나는 본래는 같았다'라는 주장에 입각해서, 모든 곳에서
동일하다고 가정되는 '인간성'이라는 범주가 재구성된 것이다.

그러므로 '인간성'이라는 범주 안에는 필연적으로 모든 인간이 신의 품 안에서 하나였다는 전체주의적인 환상이 감추어져 있다.

인간성이라는 범주가 종교개혁을 통해서 일거에 만들어진 것은 아니다. 종교개혁 이전에 상응하는 흐름이 있었고, 그 이후의 특히 칸트 철학에 의한 인간의 추상화와 균질화 작업도 고려해야 할 것이다. 그러나 우리가 반드시 염두에 두어야 할 것이 하나 있다. 그것은 '개인'이라는 관념이 '인간성'이라는 보편적인 관념에 근거하고 있다는 사실이다. 모든 인류가 평균화되고 균질화되고 동질화되었을 때 비로소 '개인'이라는 관념이 인정받기 시작했던 것이다. 개인주의의 이면에는 '인종성'과 '민족성', '지방성'과 '역사성'에 대한 거부감이 자리잡고 있다. 이처럼 근대인의 뿌리에는 종교적인 그림자가 강하게 드리워져 있다. 그러므로 근대화 과정은 세속화 과정으로 묘사되기보다는 '몸의 세계'로부터 '정신의 세계'로 종교가 후퇴했던 과정으로 보는 게 보다 정확할 수 있다. '인간성'이라는 범주는 종교적인 상상력의 산물이다.

스포츠와 몸의 상상력

몸의 의례화

> 인간으로서 살아간다는 것 자체가 종교적인 행위이다.
>
> — M. 엘리아데[9]

"누군가로 하여금 춤을 추게 하는 것은 그를 소유한다는 것을 의미한다."[10] 하나의 문화는 역사적으로 전승되고 축적된 다양한 춤들을 가지고 있다. 그리고 일정한 춤을 추게 하는 것은 '전승된 몸'을 개별적인 몸 안에 각인해 넣음으로써 그 몸을 지배하는 것이다. 우리의 신체는 다양한 문화적인 몸들을 전수받는다. 그리고 우리는 전수된 '몸의 형식'에 맞춰 우리의 몸을 변형시킨다. 춤은 사회가 개인의 몸을 소유하는 한 가지 방식이다. 그러므로 같은 춤을 춘다는 것만으로도 우리의 몸은 서로 닮아간다. 춤은 그렇게 '몸에서 몸으로 이루어지는 침묵하는 실천적 커뮤니케이션'이다. 문화적인 몸을 개인적인 몸에 이식하는 춤은 '몸의 역사'를 구성하는 하나의 장르이다.

춤과 같으면서도 다른 '몸의 저장소'가 있는데, 그것은 바로 스포츠이다. 같다는 것은, 양자가 언어로 표현되지 않는 '몸의 역사'를 담고 있기 때문이다. 다르다는 것은, 춤이 주로 예술과 미학의 영역에서 문화적인 몸을 보존하는 데 비해, 스포츠는 체육과 오락과 상업의 영역에서 보편적인 몸을 확산시키는 데 이바지하고 있기 때문이다.

그러나 둘의 차이가 이렇게 간단하게 정의되지는 않는다. 피겨 스케이팅이나 리듬체조나 수중발레 등은 '춤의 스포츠'이다. 여기에서는 기록과 경쟁이라는 스포츠의 요소가 춤과의 차이를 만들긴 하지만, 몸을 움직이는 고정된 방식에 의해 행동을 양식화하고, 과장하고, 반복한다는 점은 춤과 동일하다. 그러나 오늘날 예술적인 춤이 정해진 '몸의 공식'들을 조합하여 정신세계를 표현하고자 하는 '상징론'에 의해 지배되는 데 반해, 스포츠의 춤은 몸의 훈육에 의한 '몸의 공식'의 완벽성만을 추구한다. 춤은 다른 뭔가를 계속해서 상징하고 이야기하려 하지만, 스포츠는 상징하지도 이야기하지도 않는다. 스포츠는 자기 자신을 지시할 뿐이다. 물론 피겨 스케이팅 속에 음악과 이야기를 도입하는 식의 조합이 있기는 하지만, 그것은 어디까지나 스포츠의 부차적인 측면일 뿐이다.

위에서 언급한 양식화, 과장, 반복은 행위의 의례화(ritualiza-tion)를 결정하는 기본적인 요소이다.[11] 의례화된 행동은 일상 행동과는 구별되는 양식화된 행동이다. 춤과 스포츠는 모두 의례화의 메커니즘을 내장하고 있다. 훈련된 신체의 의례적 과시라는 측면에서 볼 때, 춤과 스포츠는 의례화의 법칙에 의해 지배된다. 수많은 인간행동 가운데서 유독 특정한 행동만을 선택하여 유형화하고, '형식과 색채의 난무(riot of form and color)'에 의해 행동을 과장하고, 그러한 행동을 반복함으로써 의례화를 완성하는 것이다.

스포츠와 춤

그렇다면 왜 이런 식의 의례화가 이루어지는가? 단거리 달리기에서 보이는 과장된 손짓과 발짓이 의미하는 것은 무엇인가? 가령 의례화라는 것이 뭔가의 커뮤니케이션을 위한 것이라면, 스포츠는 의례화를 통해 우리에게 무엇을 전달하는가? 스포츠 선수들은 몸의 단련을 통한 체력 강화만을 위해 스포츠 행위를 하는가? 체력 강화를 통해 정신의 고귀한 덕성을 계발하기 위해 스포츠 행위를 하는가? 절대 그렇지 않다. 그렇다면 관객에게 볼거리를 제공하기 위해서만 스포츠 행위를 하는가? 관객이 먼저 있고 난 연후에 관객에게 감각적 쾌락을 제공하기 위해 스포츠가 존재하게 된 것은 아니다. 오히려 근대 스포츠는 예전에는 없던 관객을 발명함으로써 전통적인 스포츠 현상과는 다른 양상을 띠게 되었다. 근대 스포츠는 '관객의 발명'을 통해 스포츠 행위의 전문화를 가져왔고, '운동선수'라는 새로운 직업을 만들어냈다. 이것은 사람들을 관객과 선수라는 이분법적 장치에 의해 분할함으로써 특정한 효과를 창출했다는 것을 의미한다. 예전에는 누구나 선수였고 누구나 관객이었지만, 전업 운동선수를 만들어냄으로써 소수의 사람들을 '선수화'시키고 다수의 사람들을 '관객화'시켰던 것이다.

　피에르 부르디외(Pierre Bourdieu)는 스포츠와 춤을 유비(類比)함으로써 관객화의 과정이 드러내는 몇 가지 특성을 제시한다. 근대에 들어서면서 스포츠와 춤은 다른 장르로부터 분화되어 점차 자율적인 영역으로 재구성되었다. 그리고 이러한 분화는 두 영역으로부터 점차 세속적인 사람들을 추방했다. 이는 필연적으로 전문가와 아마추어의 분리를 가져왔고, 다수의 사람들은 점차 수동적인 관객의 역할에 머물게 되었다. 춤의 경우에는 마을의 춤과 궁정의 춤의 대립이 이러한 과정의 출발점이었다. 지속적인 전문화 과정은 점차 춤에 대한 특수한 형태의 '지식(knowledge)'을 구성하게 되었고, 이로 인해 '전문적인 기교(technical virtuosity)'와 이것의 '코드화(codification)'와 이에 대한 '주석(exegesis)'의 과정을 거치게 되었다. 19세기 이후로 전문적인 댄서가 출현했지만, 처음에는 전문적인 댄서와 관객의 경계선이 확연하게 그어지지 않았다. 전문적인 댄서 앞에 있는 관객이 아직은 춤을 출 수 있고 춤을 감식할 수도 있었기 때문이다. 마찬가지로 우리는 회화에서도 화가의 탄생이라는 유사한 과정을 관찰할 수 있을 것이다.

　여하튼 춤의 전문화 과정은 대중의 관객화 과정과 궤를 같이한다. 전문적인 댄서의 탄생은 전적인 관객의 탄생과 동일한 것이다. 그러므로 전문적인 댄서와 관객의 총체적안 분리는, 관객이 더 이상 춤을 출 수 없고 그저 수동적인 감상만을 할 수 있을 때 발생했다고 할 수 있다. 이때부터 전문가들로 이루어진 춤의 자율적인 영역은 자체의 논리와 지식 안에서 운영되게 되었다. 그리고 관객은 더 이상 춤을 추면서 생겨나는 춤에 대한 이해를 획득할 수 없었다. '춤추는 몸'과의 관계 속에서 생겨나는 관객의 신체적인 이해는 사라지고, 그저 구경거리에 대한 시각적인 이해만이 관객의 몫이 되었다. 우리는 스포츠에서도 유사한 과정을 관찰할 수 있을 것이다.

　스포츠가 자율적인 영역으로서 구축되고 자체의 논리에 의해 지배되고 선수와 관객의 이분화에 의해 유지된 것은 극히 근대적인 재구성 과정을 거치면서부터이다. 따라서 선수와 관객의 관계 속에서 스포츠를 독해하는 것은 근대적인 스포츠 현상의 분석에서 필수적인 구도이다. 이제 우리는 스포츠 행위에 내장된 커뮤니케이션의 구조를 짐작해볼 수 있다. 스포츠는 관객에게 '훈육된 몸'을 전달하는 매체라고 할 수 있다. 이를 통해 스포츠는 일상적인 몸의 방만함과 나태함을 반성하게 하는 의례적 장치로써 기능한다. 일반적으로 의례는 '몸과의 관계 속에서 얻어지는 커뮤니케이션'과 '몸에서 몸으로의 커뮤니케이션'을 전담하는 통로이다. 그러므로 스포츠가 이런 의례적 특성을 지닌다는 것은 새삼 말할 필요도 없다. 근대 스포츠의 성립 과정은 스포츠가 인간의 의례복합체로부터 점차 분리되어 자율적인 영역을 구축해가는 과정이었다. 따라서 스포츠가 지닌 의례화의 요소는 근대적인 구성물이 아니라 본래적인 것이다.

스포츠와 서커스

피겨 스케이팅이나 수중발레나 리듬체조에서 보이는 것처럼, 스포츠와 춤의 경계선은 모호하다. 이 경우에 둘 모두 일반 관객이 모방할 수 없는 기교의 정교함을 보여준다. 축구나 야구나 농구는 일반인도 어느 정도 모방할 수 있고 참여할 수 있는 종목들이다. 그러나 체조나 피겨 스케이팅은 이미 관객의 모방과 참여를 제한하는 고도로 훈련된 기교를 선보인다. 일반인들이 어찌 감히 손쉽게 공중 몇 회전을 하고 자기 키의 몇 배를 점프할 수 있단 말인가? 우리는 여기에서 또 하나의 모호한 경계선을 확인해야 된다. 그것은 스포츠와 서커스의 경계선이다. 서커스의 퇴조와 스포츠의 발전이 어느 정도 비례 곡선을 그려왔다는 것을 인정한다면, 양자 사이에서 이루어진 모종의 교환과 이행의 관계를 짐작해볼 수 있을 것이다.

체조의 과장된 몸은 서커스의 몸을 떠올리게 한다. 체조는 축구나 농구보다 동작을 보다 직접적으로 보다 과장하여 표현한다. 체조나 피겨 스케이팅은 몸동작을 조합하여 표현하는 경기이기 때문에, 몸이 드러나는 강도가 다른 경기 종목보다 두드러진다. 스포츠 '종목'의 차이를 표현하는 기준은 경기에서 드러나는 '몸의 표현 강도'와 '몸의 접촉성'의 차이라고 할 수 있다. 축구나 농구는 '공'이 신체 사이를 매개하는 도구가 되지만, 체조는 몸을 직접 전시하고, 복싱은 몸의 대결을 통해 몸을 드러낸다. '몸의 표현 강도'와 '몸의 접촉성'을 통해 종목의 분류법을 시도하면 이러한 것이 다소 명확해지리라 생각한다. 가령, ⅰ) 몸의 직접적 전시─체조, 피겨 스케이팅 등, ⅱ) 도구나 공을 이용한 몸의 전시와 접촉─축구, 농구, 배구, 펜싱 등, ⅲ) 몸의 직접적 접촉을 통한 몸의 전시─복싱, 태권도, 유도 등, ⅳ) 도구와 공의 이용과 몸의 접촉의 부재─골프, 역도 등, ⅴ) 몸의 은폐─카레이싱 등과 같이 말이다. 근대인은 '몸의 직접적 전시'와 관계된 종목에 상대적으로 약한 모습을 보이는 것 같다. 우리는 축구는 하지만, 기계 체조나 피겨 스케이팅은 하지 않는다.

　몸의 운동이 낳을 수 있는 최대한의 구경거리를 보여주는 서커스는 몸의 가능성을 탐구하는 시험대와도 같다. 몸을 동그랗게 말거나 공중곡예를 감행하는 서커스는 이미 관객과 서커스 곡예사의 완전한 분리에 기반하여 공연한다. "신체가 가장 유연한 어렸을 때부터 시작된 이 훈련은, 작은 상자 안에서 몸을 구부리거나 아연실색하게 하는 듯한 자유자재의 변환 자세를 취하더라도, 관중의 눈에는 그것이 가부좌를 트는 것 이상으로 자연스럽게 비칠 때까지 계속된다."[12] '육체의 축제'로써 서커스는 기형이라고도 할 수 있는 온갖 육체의 박람회장이다.

뱀처럼 자유자재로 몸을 구부리고 뒤트는 여자는 생각할 수 없었던 다양한 체위를 연출하며 여송연을 입에 물거나 실크 모자를 머리에 써 보인다. '해부학적 몸'을 해체하고, 머리나 손발이 어디에 있고 몸의 상태가 도대체 어떻게 된 것인지 알 수 없게 만들어 버린다. 발 곡예사 역시 신체를 반전시켜서 두 발이 두 손을 대신하게 한다. 이러한 이방인들은 '육체의 가면'을 통해 일상 세계 속에 카니발적인 세계를 도입하는 존재들이다. 서커스는 절대 따라할 수 없는 몸을 전시함으로써 일상적인 몸에 대한 관객의 생각을 재조정한다. 관객이 '몸의 가능성'에 대해 확장된 경험을 하게 되는 것이다.

폴 발레리의 네 가지 몸

이러한 서커스의 몸은 폴 발레리(Paul Valéry)가 말한 적이 있는 '상상의 몸(Imaginary Body)', '진정한 몸(Real Body)', 즉 '네 번째 몸(Fourth Body)'[13]이라 할 만한 그런 것이다. 폴 발레리는 몸을 네 가지로 구별한다.

첫 번째 몸은 매순간 우리가 소유하고 있음을 발견하게 되는 특권적인 대상으로서의 '나의 몸(My Body)'이다. 우리는 우리에게 속한 하나의 사물인 양 '나의 몸'에 대해 이야기하지만, 실재로는 우리가 '나의 몸'에 속해 있다. '나의 몸'은 세계에 의존하면서도 세계와 대립하고 있는 가장 중요한 대상이지만, 역으로 세계가 '나의 몸'에 근거하여 펼쳐진다고도 말할 수 있다. '나의 몸'은 현실성과 가능성에 있어서 정확한 이름을 부여할 수 없을 정도로 변덕스러운 것이며, 나의 비밀스런 사유보다도 나에게서 더 멀리 떨어져 있는 친밀하지 않은 것이다.

나는 '나의 몸'의 형태를 모르며, 단지 움직일 수 있는 신체의 일부만을 볼 수 있을 따름이다. 나는 나의 이마와 나의 발의 공간적인 관계, 나의 등과 나의 무릎의 공간적인 관계를 볼 수도 알 수도 없다. 나의 오른손은 나의 왼손을 알지 못한다. 한 손으로 다른 손을 움켜쥐는 것은 내가 아닌(not-I) 다른 대상을 움켜쥐는 것이다. '나의 몸'은 항상성을 지닌 듯하면서도 계속 변화한다. '나의 몸'은 그 자체가 현재일 뿐, 과거는 없다. 때로 '나의 몸'의 일부분은 비교할 수 없는 쾌락과 고통으로 인해 가장 큰 중요성을 부여받는다.

우리의 '두 번째 몸(Second Body)'은 타인이 바라보는 몸이며, 거울이나 초상화에 의해 제공되는 몸이다. '두 번째 몸'은 형태를 가지고 있으며 예술에 의해 이해되는 몸이며, 장신구로 치장하고 갑옷을 입는 몸이다. 또한 '두 번째 몸'은 사랑하고 접촉하고 싶은 몸이다. 이 몸은 나르시시즘의 몸이면서도, 노화되는 몸이다. '두 번째 몸'에 대한 우리의 지식은 몸의 표면에 대한 것일 뿐이며, 우리는 우리 자신을 보지 않고도 우리의 피부색을 몰라도 잘 살아갈 수 있다. 맹인은 '두 번째 몸'을 모른다.

'세 번째 몸(Third Body)'은 분할되고 해체됨으로써 의학이나 과학의 대상이 되는 해부학적 신체를 가리킨다. 이 몸은 우리의 사유 안에서만 통일성을 가지며, 몸 내부의 내적 기관들로 구성되는 몸이다. 그러나 우리는 우리의 살갗 아래에 존재하는 간장, 뇌, 신장 등에 대한 지식 없이도 살아갈 수 있으며, 해부학적 신체가 몸의 비밀을 전부 밝혀낼 수는 없다.

그런데 폴 발레리는 '몸의 분류법'의 이러한 세 가지 항목에 또 하나의 몸을 추가한다. '네 번째 몸'은 소용돌이와도 같은 것으로 우리의 감각, 상상력, 지성 외부에 놓인 미지의 현상과 관련된 것이다. 이러한 몸은 아직은 내용이 채워지지 않은 '텅 빈 기호'와도 같은 몸이다. "존재하는 모든 것은 존재할 수도 있는 어떤 것을 우리로부터 숨긴다." 그래서 발레리는 생명과 종(species)의 기원, 죽음의 의미, 자유로운 행위의 가능성, 정신과 유기체의 관계 등의 문제를 일거에 해결해줄수 있는 '미지의 몸'을 가리켜 '네 번째 몸'이라고 명명한다. '네 번째 몸'은 어떤 비존재(Nonexistence)의 화신(化身)과도 같은 것이다.

다시 서커스의 문제로 돌아가 보자. 우리는 서커스에서 전혀 새로운 신체를 경험하게 된다. 서커스는 '상상의 몸'을 표현하기에 발레리의 '네 번째 몸'과도 유사한 몸을 추구하며 '몸의 상상력'을 극한으로 전개한다. 마찬가지로 스포츠 안에서도 '몸의 상상력'이 작동하며 여기에서도 발레리의 '네 번째 몸'이 추구된다. 그리고 이러한 현상은 선수와 관객의 거리가 멀어질수록 두드러진다. 그러나 서커스가 '몸의 상상력'에 치중하는 데 비해, 스포츠는 발레리가 말한 네 가지 몸을 골고루 이용함으로써 종합적인 신체를 추구한다.

지금까지 우리는 스포츠와 춤의 경계선, 그리고 스포츠와 서커스의 경계선이 어느 정도 모호하다는 것을 살펴보았다. 춤의 많은 부분이 예술이라는 이름으로 보존되고 있고, 스포츠가 체육과 오락이라는 이름으로 보존되고 있는 데 반해, 서커스는 독자적인 영역의 구축에 실패한 사례라고 할 수 있다. 서커스가 여전히 근대문화의 한 장르라고 주장할 수도 있을 것이다.

그러나 서커스가 스포츠와 춤만큼 강한 영향력을 행사할 수 있을까? 예전에 서커스단이 '유랑'을 특성으로 했다면, 이로 인해 서커스는 근대의 도시문화에 적응하지 못했다. 여기에서 우리는 "매우 오래된 우리 자신의 문화유산인 서커스, 소멸로부터 보존되기 위해 개인적인 소명이나 가계 전승의 우연적인 영향에 내맡겨져 있는 서커스"라고 말한 레비스트로스(C. Lévi-Strauss)의 이야기를 다시 음미해볼 필요가 있다.

스포츠와 몸의 테크닉

마르셀 모스와 몸의 테크닉

1618년에 영국의 제임스 1세는 젠트리와 청교도 사이에서 논란이 된 일요일 오락 문제를 해결하기 위해 '스포츠령(Book of Sports, Declaration of Sports)'14)을 반포했다. 일요일에 춤, 활쏘기, 뜀박질, 오월제 놀이, 성신강림축제, 모리스 춤(제의적 민속무용), 오월제 기둥의 설치 및 그 밖의 운동이 예배의식을 방해하지 않거나 등한시 하지 않는 선에서 허용되었으며, 개를 부추겨 곰이나 소를 괴롭히는 놀이, 막간극, 볼링 등은 허용되지 않았다.

그러나 청교도의 반대가 워낙 거세 '스포츠령'은 곧 철회된다. 성스러운 일요일에 세속적인 스포츠를 한다는 것이 문제가 되었던 것이다. 1633년에 찰스 1세 또한 '스포츠령'을 반포하면서 청교도들과 갈등을 겪었다. 그리고 이후 청교도 혁명이 일어나자 왕정복고가 이루어진 1660년까지 청교도들은 안식일에 스포츠와 오락을 금지시켰다. 여기에서 우리는 종교와 스포츠가 일요일을 둘러싸고 갈등하는 현장을 목격하게 된다. '스포츠령'의 경우에 스포츠가 지닌 놀이, 폭력, 도박의 요소가 종교와 정면으로 충돌했다. 이것은 청교도의 '정신의 테크닉'이 스포츠의 '몸의 테크닉'과 충돌한 것이기도 하다.

마르셀 모스는 "각 사회마다 사람들이 자신들의 몸을 사용하는 방법을 알고 있는 방식들"을 '몸의 테크닉'이라고 표현한다.[15] 모스에 의하면, '몸의 테크닉'은 우리가 아직 개념화하지 못한 미지의 것이며 학문의 변방에 위치한 '잡동사니'라고 할 수 있는 것이다. 그는 자신이 '몸의 테크닉'에 관심을 갖게 된 동기를 다음과 같이 술회한다. "나는, 예컨대 걷기나 수영 그리고 동일한 유형의 모든 종류의 것들이 정해진 사회들에 특유하다는 것을, 폴리네시아인들은 우리처럼 수영하지 않는다는 것을, 나의 세대가 현재 세대처럼 수영하지 않았다는 것을 잘 알고 있었다." 이렇게 해서 마르셀 모스는 예전에는 관찰되지 않던 문화의 '세부(details)'에 대한 관심을 환기시킨다. 인간의 몸 안에는 무수한 사회적인 기호들과 문화적인 범주들이 아로새겨져 있다. 인간은 직립하는 인간, 즉 호모 에렉투스(Homo Erectus)이다. 그러나 성별, 연령, 지위에 따라 걸음걸이와 서 있는 자세가 달라지곤 한다는 사실은, 걸음걸이가 '몸의 테크닉'에 의한 사회화 과정의 산물임을 알려준다.

　　뉴욕에서 나는 아팠던 적이 있었다. 병원에서 나는 계시라고 할 만한 것을 받았다. 여자들이 내 간호사들처럼 걷고 있는 것을 예전에 어디선가 본 것 같다는 생각이 든 것이다. 나는 그것에 대해 곰곰 생각해보았다. 마침내 나는 그것을 보았던 곳이 영화관이었음을 깨달았다. 프랑스에 돌아온 나는 특히 파리에서 그런 걸음걸이가 얼마나 흔한 것인지를 알게 되었다. 여자들은 프랑스인이었는데 그들 또한 영화 속 여자들과 같은 방식으로 걷고 있었다. 사실인즉, 미국적인 걷기 방식이 영화로 인해 이곳까지 도달하기 시작했던 것이다.[16]

이런 맥락에서 레비스트로스 또한 전 세계에 걸쳐 역사를 통해 사람들이 몸을 사용해온 모든 방식들에 대해 목록을 작성하는 것이 얼마나 필요한가를 역설했다. "몸이 보편적인 것이고 모든 이의 수중에 있는 것임에도 불구하고, 인간의 몸이라는 도구의 매우 많은 다양한 가능성들에 대해서, 우리는 항상 그래왔던 것처럼 무지하기만 하다. 우리는 단지 특정 문화의 필요조건 안에서, 항상 부분적이고 제한적인, 몸의 가능성들에 대해서만 알고 있을 뿐이다."[17] 이러한 선언은 현재 우리가 알고 있는 몸의 가능성이 얼마나 협착(狹窄)한 것인지,

그리고 우리의 몸이 기억하고 있는 몸의 가능성이 얼마나 적은지, 우리의 문화적인 몸이 얼마나 많이 상실되었는지, 우리가 얼마나 낯설고 이국적인 몸을 지니고 있는지에 대한 성찰의 기회를 제공해준다.

우리는 이러한 성찰을 스포츠 비평의 영역에 적용해볼 필요가 있다. 스포츠는 분명히 '몸의 상상력'과 '몸의 테크닉'을 추구하고 보존하는 하나의 장르이다. 우리가 스포츠라는 범주마저 상실해 버렸다면, 화석화된 형태로나마 남아있는 '몸의 테크닉'의 많은 '잔류물(survival)'이 사라져 버렸을 것이다. 올림픽 경기가 아니라면, 창던지기·포환던지기·원반던지기·사격·양궁·승마 같은 사냥과 전투에 관련된 몸의 전시, 달리기·멀리뛰기·삼단뛰기·높이뛰기·장대높이뛰기 같은 몸의 극단적인 가능성에 대한 시험, 유도·태권도·권투·레슬링 같은 격투기와 무술이 지닌 몸의 파괴력을 우리가 어디에서 보존할 수 있겠는가? 도구적인 몸을 강조하는 현대문화 속에서, 스포츠는 몸에 대한 상상력을 전개하고 무의미하거나 폭력적인 몸을 보존할 수 있는 그나마 얼마 안 되는 매체임에 틀림없다.

마르셀 모스가 이야기하는 '몸의 테크닉'의 항목은 다양하다. 그는 수영, 도구로 땅을 파는 것, 행진, 걷기, 달리기, 휴식할 때 손의 위치, 신발을 신을 때와 그렇지 않을 때의 걸음걸이 등이 지닌 문화적이며 역사적인 차이에 대해서 이야기한다. 모스는 '몸의 테크닉의 분류 원리'[18]라는 제목 아래 '몸의 테크닉'을 분류하는 네 가지 방식에 대해서 말한다. 첫째는 주먹쥐기, 던지기, 주먹질 등에서 보이는 '성별에 따른 몸의 테크닉의 분류법'이고, 둘째는 어린아이의 웅크려 앉는 법 등과 관련된 '연령에 따른 몸의 테크닉의 분류법'이다. 셋째는 몸을 기계처럼 만들기 위해 신체를 목적에 적합한 것으로 만드는 '효율성에 따른 몸의 테크닉의 분류법'이고, 넷째는 예컨대 경건한 이슬람교도는 왼손으로는 결코 음식을 만지지 않는 것과 같은, 운동 원칙의 사회적인 선택이라는 측면에서의 '몸의 테크닉을 전수하는 전통에 따른 분류법'이다.

나아가 모스는 '몸의 테크닉의 전기(傳記) 목록'[19]이라는 제목 아래 출산과 산(産)과학의 테크닉, 유아기의 테크닉 (양육과 젖먹이기, 이유(離乳), 이유 이후), 청년기의 테크닉, 성인의 테크닉(수면의 테크닉, 휴식의 테크닉, 활동과 운동의 테크닉, 몸을 돌보는 테크닉, 소비의 테크닉, 생식의 테크닉, 몸의 비정상의 테크닉) 등으로 일생에 걸친 '몸의 테크닉'을 분류한다. 모스의 주장에 의하면 '수면의 테크닉'의 경우에 우리는 침대의 유무, 베개의 유무, 덮개의 유무 등의 차이에 주목해야 하고, '휴식의 테크닉'에서는 의자와 테이블 등의 사용 유무에 주목해야 하고, '운동의 테크닉'에서는 걷기, 달리기, 춤추기, 점프하기, 등반, 하강, 밀기, 당기기, 잡기, 들어올리기 등의 테크닉의 차이에 주목해야 한다. 그 외에도 씻기, 비누칠, 침뱉기, 위생학, 먹기, 마시기, 성행위 자세 등의 차이에 주목해야 한다.

몸의 테크닉과 종교

한 사회는 수많은 '몸의 테크닉'들의 총체에 의해 한 인간의 몸을 세세하게 훈육한다. 개인이란 수많은 '몸의 테크닉'에 의해 만들어지는 것이다. 이러한 결과로써 회, 교육, 예의범절, 유행, 위신 등에 따라 한 개인의 몸이 습득한 몸 습관 내용은 달라진다. 마르셀 모스는 이를 '아비투스(habitus)'라고 표현한다. 아비투스는 정신이나 영혼의 반복적인 능력이나 형이상학적이고 신비적인 기억이 아니라, 오히려 집단적이고 개인적인 실천이성이 지닌 몸의 테크닉을 가리키는 표현이다. 이러한 개념을 통해 모스는 '몸의 테크닉'의 사회적 차이라는 문제에 주목한다. 아비투스는 '몸의 테크닉'의 차이를 통해 몸을 도덕적이고 지적인 상징으로 만들어낸다. '몸의 테크닉'을 통해 모스가 보고자 했던 인간은 상황과 목적에 따라 그에 적합한 몸을 창출해내는 '호모 하빌리스(Homo Habilis)', 즉 몸을 도구로 사용하는 인간이었다. 나아가 모스는 '몸의 테크닉'의 경로를 추적함으로써 '몸의 사회학'과 '몸의 생리학' 사이에서 형성되는 '몸의 심리학'을 파악하고자 했다.

'몸의 교육학'은 인간의 모든 감각에도 관여한다. 우리의 듣기, 말하기(목소리), 쓰기뿐만 아니라 보기(시선)조차도 '몸의 교육학'의 영향을 받을 수밖에 없다. 예컨대, 시선을 고정시키는 것은 군대에서는 예법의 영역에 속하는 것이지만 일상에서는 무례가 되는 것이다. 따라서 우리는 여기에서 '몸의 테크닉'이 예절이나 예법과 맺는 관련성을 언급해야 한다. '몸의 테크닉'은 선택된 목적의 방향으로 몸의 운동과 반응을 조화롭게 유지하는 메커니즘에 기반한다. 그것은 무질서한 운동을 금지하는 메커니즘, 즉 '지연의 메커니즘(retarding mechanism)'에 의해 행위의 무질서나 과잉을 통제한다. 그리하여 행위를 순차적으로 질서있게 배열하는 '행위의 경제학'이라 할 만한 것을 몸의 영역에 도입한다. '지연의 메커니즘'은 선택된 목적의 방향으로 몸의 운동을 적응시킬 뿐만 아니라, 동시에 평정, 진지함, 저항, 위엄, 정신의 현존을 가르쳐주는 '정신의 테크닉(psychotechnics)'이기도 하다. '지연의 메커니즘'은 심리적인 '평정의 교육(education of composure)'을 가져오며, 이로 인해 노련한 등산가는 깎아지른 듯한 암벽에서도 편안히 잠들 수 있는 것이다. 『예기 禮記』의 다음 구절은 유사한 내용을 잘 보여준다.

만약 자기의 심정이 내키는 대로 곧바로 경솔하게 행하는 자가 있다면 그것은 오랑캐의 도이다. 예도(禮道)는 그렇지가 않다. 원래 사람의 마음은 기쁘면 기쁜 생각이 마음에 동하게 되고, 기쁜 마음이 동하면 노래를 하고, 노래를 하면 몸이 움직이고, 몸이 움직이면 춤을 추고, 춤을 추면 마음이 따뜻해지고, 마음이 따뜻해지면 마음이 슬퍼지고, 마음이 슬퍼지면 탄식하게 되고, 탄식하면 가슴을 치게 되고, 가슴을 치면 펄쩍 위로 뛰게 된다. 그러므로 이에 단계와 절도를 두는 것이 예이다. (『예기』「단궁 下」)

'몸의 테크닉'은 몸의 무질서한 행동이 낳는 감정의 폭발에
저항하기 위해 신체행위를 미세하게 분할한다. '몸의 테크닉'
에 의해 인간은 특정상황에 적합한 준비된 순차적인 행동들의
목록을 몸 안에 지니게 되는 것이다. 모스는 '도교의 테크닉'
과 '요가의 테크닉'을 언급하면서 다음과 같이 말한다. "우리
의 모든 신비적인 상태의 기저에는 우리가 아직 연구하지 못
한, 그러나 중국과 인도에서는 충분히 연구되었던, 몸의 테크
닉이 놓여 있다. 이러한 사회적-정신적-생물학적인 연구가 행
해져야만 한다. 나는 '신과의 커뮤니케이션'에 들어가기 위한
생물학적인 수단이 반드시 존재한다고 생각한다." 모스의 이
런 말에서, 우리는 종교와 스포츠가 만나는 접점을 확인하게
된다. 그것은 바로 '몸의 테크닉'이다.

스포츠 제국주의

모스와 레비스트로스가 제안하는 '몸 습관의 고고학(archaeology
of body habits)'에 의하면, 스포츠는 '몸의 테크닉'의 저장소였
던 반면에, 문화적이고 인종적이고 민족적인 몸을 파괴하는
데 있어서 중추적인 역할을 수행했다. "유럽과 북아메리카에
서 출발해서 근대 스포츠라는 복음으로 세계를 개종시킬 것을
감행하는 신체 교육의 근대적인 선교사들"[20]에 의해, '스포츠

선교'와 '스포츠 제국주의'는 지역적이고 인종적인 몸을 국제화하고 표준화함으로써 세계시간에 의해 지배되는 '보편적인 몸'을 전파했다. 예컨대, 근대 스포츠의 출발점을 제공한 피에르 드 쿠베르탱(Pierre de Coubertin)은 올림픽을 통해 그리스 헬레니즘의 이상적인 신체를 세계화하고자 했다. 쿠베르탱과 국제올림픽위원회(IOC)는 원반던지기 같은 경기를 부활시켰고, 전설을 토대로 마라톤 경기를 새로이 발명했으며, 고대에는 없던 역도, 펜싱, 조정, 사이클링 같은 유럽적인 경기를 새로 추가했다

올림픽이 행한 가장 중요한 역할 가운데 하나는 '기록(record)'과 '승리(victory)'라는 요소를 스포츠에 도입한 것이다. "어떤 사람이나 다른 뭔가를 배경 삼아 우리 자신을 측정하는 것이 우리에게는 절대적으로 본질적인 것이다. 우리를 뒤쫓는 적수가 없다면, 우리는 우리를 몰아대기 위해 우리 앞에 기록을 두어야 한다."[21] 근대적인 스포츠에서는, 적수가 눈앞에 없는 경기에는 '기록'을, 적수가 있는 경기에는 '승리'를 도입함으로써, 부단히 자신의 신체 역량을 측정하고 계량할 수 있는 장치를 만들어냈다. 이처럼 근대적인 스포츠는 '기록'과 '승리'를 매개로 한 자기 자신과의 싸움이라고 하는 명제에 의해 신체를 지배함으로써 그 형체를 드러내기 시작했다. 여기서 우리가 눈여겨볼 사항은, 이러한 스포츠 제국주의에 의해 신체의 표준화가 이뤄짐으로써, 민족적인 몸, 문화적인 몸, 폭력적인 몸, 기괴한 몸이 문화의 변방으로 점차 밀려나기 시작했다는

사실이다. 서구적인 양식의 근대 스포츠가 신체 교육의 중심을 차지하면서, 전통적인 경기나 춤은 일종의 막간극으로만 잔존하게 된 것이다.

스포츠는 춤이나 서커스에서와 같이 '몸의 상상력'과 '몸의 테크닉'에 의해서 지배된다. '몸의 상상력'과 '몸의 테크닉'은 몸의 변증법의 두 축이라 할 수 있다. 그러나 근대 스포츠는 '몸의 테크닉'에만 과도하게 집중함으로써 '몸의 상상력'이라는 또 다른 측면을 억압하고 있는 것은 아닐까? 흔히 한 세대로부터 다음 세대로 전수되는 무의미한 몸짓들은 역설적으로 그들의 무의미성 때문에 보존되곤 한다. 의미는 또 다른 해석에 의해 파괴당할 위험에 노출되어 있기 때문이다. 현재 우리의 손에 남겨진 몸짓들 가운데 많은 것은 그러한 무의미한 몸짓들이다. 스포츠 제국주의는 공인받지 못한 몸과 공인받은 몸의 분리를 통해, 스포츠 영역 밖에 놓인 많은 문화적인 몸을 파괴시켜 왔다. 그러나 그러한 몸의 표준화 작업에서 살아남은 무의미한 몸짓들이 모여 있는 또 다른 장소 가운데 하나가 바로 종교일 것이다. 과거에는 종교가 '몸의 테크닉'의 중요한 기능을 담당했을 것이라는 사실은 자명하다. 그러나 종교개혁 이후에 급속도로 '종교의 정신화' 작업이 이루어지면서, 종교 안에 있던 많은 '몸의 테크닉'들은 문맥을 잃은 채 의미 없이 일상을 부유하게 되었다. 우리는 근대화 과정을 통해 스포츠가 과거에는 종교가 행하던 몸의 교육 가운데 일부를 담당하게 되었을 것이라는 가설을 세워볼 수 있을 것이다.

스포츠와 희생제의

몸의 테크닉과 희생제의

피골이 상접하게 될 때 그는 순수해진다. 그는 뚱뚱할 때 시작해서 홀쭉해졌을 때 희생제의를 수행한다. 그의 팔다리에서 사라진 것은 희생되어진 것이다. 단식을 함으로써 희생주체는 불멸의 형태를 취하기 위해서 가능한 한 그의 필멸의 몸을 벗겨낸다. ─마르셀 모스[22]

몸을 통해서만 얻어지는 이해가 있다. 그런 이해는 말로는 표현할 수 없는 '몸의 이해'이며, 현재 우리의 지적인 의식이 가장 놓치기 쉬운 이해의 방식이다. 이러한 '몸의 이해'는 우리에게는 낯선 믿음의 문제를 제기한다. 몸의 훈육이란 정신이 '아니오'라고 말할 때조차도 몸은 '예'라고 하며 받아들이는 그런 종류의 믿음을 만들어낸다. 스포츠 또한 이런 맥락에서 이야기할 수 있다. 이것은, 한편으로 관객이 스포츠를 관람함으로써, 다른 한편으로 운동선수가 스포츠를 함으로써, 우리가 도대체 어떤 신체적인 믿음의 차원에 도달하는가에 대한 물음이다. 몸은 결코 정신의 일방적인 식민지가 아니다. 역으로, 새로운 몸동작은 새로운 정신을 창조한다.

데이빗 샌슨(David Sansone)은 스포츠를 '신체 에너지의 의례적인 희생제의'라고 정의한다.23) 샌슨은 스포츠라는 희생제의의 제물은 '신체 에너지'라고 말한다. 이러한 샌슨의 스포츠 정의를 염두에 두면서 스포츠와 희생제의를 비교해보자. 그러나 우리는 스포츠와 희생제의에 대한 샌슨의 입장을 그대로 따르기 보다는 오히려 '몸의 테크닉'에 대한 논의의 연장선상에서 스포츠와 희생제의를 비교할 것이다. 스포츠는 단순한 희생제의가 아니라 '몸의 테크닉'을 중심으로 하는 새로운 형태의 근대적인 희생제의라고 말할 수 있다. 근대 스포츠의 제물은 항상 인간의 몸이다. 근대 종교가 몸보다는 정신만을 특권화하고 있으며, 이로 인해 종교가 서서히 근대의 석양으로 저물어간다고 느꼈기 때문에, 쿠베르탱은 종교가 잃어버린 몸을 인수하기 위해 '몸의 테크닉'을 위한 새로운 관리 장치를 만들어냈다고 한다. 그것이 바로 올림픽으로 대표되는 근대 스포츠이다. 근대 스포츠의 출발점에는 분명히 종교의 그림자가 강하게 남아 있다. 그러나 여기에서 우리는 스포츠가 종교를 대체하거나 보조하는 역할을 수행한다거나 종교가 스포츠의 기원이라고 주장하지는 않을 것이다. 그보다는 단지 근대 스포츠에 스며든 '종교적인 몸'을 확인하고자 노력할 것이다.

일단 근대적인 체육관, 즉 김나지움(gymnasium)이 종교적인 사원(temple)을 모방했다는 것은 분명해 보인다. '절단하다(to cut off)'를 의미하는 그리스어 테메노스(temenos)에서 파생된 템플(temple)이라는 영어 단어에서 알 수 있듯이, 사원은 일상 공간으로부터 단절된 이질적인 공간이다. 사원 안에서는 어떤 행동도 우발적인 것이 아니다. 사원 안에서 행해지는 모든 행동은 규칙에 의해 지배되고 그런 행동 하나하나가 우리의 주목을 끈다.[24] 이러한 종교적인 사원과 체육관을 비교해보자. 쿠베르탱은 4년마다 열리는 올림픽 경기를 보완하는 장치로서 '올림픽 공장(Olympic factory)'의 건축을 역설했다. 그래서 그는 고대 세계의 올림픽 공장, 즉 '나체 훈련장'을 의미하던 그리스적 '김나지움'의 복원을 주장했다. 일상의 곳곳에 '신체 생산'을 위한 공장을 건립하고자 했던 것이다. "예전보다 더욱 많은 것 같은 거대한 우상들이 여전히 신자들의 숭배를 받고 있지만, 우상의 닫힌 입술로부터는 앞으로 어떤 신탁도 나오지 않을 것이다"라는 말이나 "우리 시대에는 실제로 어떤 대중 종교도 더 이상 가능하지 않다"라는 그의 말을 통해 우리는 쿠베르탱의 의중을 짐작해볼 수 있다.

스포츠 행위가 이뤄지는 체육관이나 경기장은 운동선수에

게는 일종의 사원과도 같은 곳이다. 근대적인 스포츠는 일상 공간과는 분리된 장소에서 주로 행해지며, 분리와 단절이 갖는 특성을 최대한 활용한다. 먼저, 일상공간을 지배하는 '몸의 테크닉'이 상당 부분 무의식적인 데 반해서, 구획된 비일상의 공간에서 작동하는 '몸의 테크닉'은 의식(意識)적인 것, 혹은 의례적인 것일 수밖에 없다. 사원의 경우처럼, 체육관에 들어서는 순간 모든 행동은 경기 규칙에 의해 지배된다. 전체 경기 행위를 구성하는 '행위의 최소 단위', 즉 '행위소(acteme)'는 심판이나 관중의 주목 대상이 된다. 사원에서의 의례적인 행동이 양식화된 '행위소'들의 재구성과 재배치와 재반복인 것처럼, 체육관에서의 행동도 규칙에 의해 지배되는 세부적인 '행위소'들로 구성된다. 그리고 사원과 체육관은 행동의 세부사항을 강조함으로써 큰 행위를 일련의 작은 행위들로 분할하여 미시적으로 '의례화'한다. 이런 식으로 운동 의례는 각각의 행위소를 강조하고 과장함으로써 오로지 행위만을 위한 행위, 즉 완벽한 행위에 대해 성찰하게 한다.

그러나 스포츠의 의례적 속성을 지적하는 것만으로는 근대 사회에서 스포츠가 차지하는 자리를 적절히 가늠할 수 없다. 이를 위해서 우리는 선수와 관객 사이에서 이루어지는 '신체적 커뮤니케이션'의 구조를 도식화할 수 있어야만 한다. 스포츠는 일상에서 수행되지 않는 온갖 몸짓들을 종목별로 분류하여 전시한다. 스포츠의 몸은 '폭력(violence)'에 의해 정교하게 다듬어진 순수한 몸 그 자체이다. 순수한 몸이란 정신이 제거된 '몸뿐인 몸'을 의미한다. 스포츠의 폭력은 크게 두 가지 방향성을 갖는다. 그것은 한편으로는 운동선수가 자신의 몸에 행사하는 폭력으로, 다른 한편으로는 운동선수가 상대 선수에게 행사하는 폭력으로 나타난다. 가령 수영 선수는 자기 몸의 훈육에만 몰두한다. 수영선수의 신체 단련은 일종의 금욕이며 자기 몸에 대한 폭력이다. 반면에 레슬링이나 유도 같은 격투기 선수는 자기 몸의 훈육과 타자의 몸의 파괴라는 이중적인 폭력을 행사한다. 축구선수 또한 이중적인 폭력을 행사하긴 하지만, 몸과 몸 사이에 '공'이라는 매개물을 둠으로써 폭력을 완화시킨다. '몸의 훈육'과 '몸의 접촉' 방식에 따라 스포츠는 다양한 양태의 폭력을 의례화한다. 이제 스포츠에 내재한 폭력이라는 요소를 고려함으로써, 비로소 우리는 스포츠와 희생제의를 유비(類比)할 수 있는 지점에 도달했다.

희생제의의 기본적인 커뮤니케이션 구조

'희생제의(犧牲祭儀)'의 어원론에서부터 출발해보자. 영어 sacrifice는 '성스럽다'를 의미하는 sacer와 '만들다'를 의미하는 facere가 조합된 라틴어 단어 'sacrificium'을 그 어원으로 한다. 희생제의는 어원론적으로 '뭔가를 성스럽게 만드는 행위'를 지칭하는 표현이다. 그러나 희생제의가 함축하는 이 '성스러움 만들기'에 내재하는 논리는 그리 단순하지 않다. 희생제의는 제물(祭物)을 성화(聖化)하여 성스럽게 된 제물을 신에게

선물로서 바치는 의례에 그치지 않는다.

희생제의에서 가장 중요한 것은 '제물의 파괴'이다. 동물제물의 경우에 분명하게 드러나듯이, 제물의 파괴는 '제물의 죽음'을 의미한다. 제물의 살해는 제물의 몸으로부터 제물의 정령(spirit)을 해방시키는 가장 분명한 방법이다. 방금 살해된 제물의 정령의 일부는 성스러운 세계로 상승하고 정령의 나머지는 사체 안에 남아 있게 된다. 제물의 정령은 성(聖)과 속(俗)을 왕래하고, 몸은 가시적이고 만질 수 있는 것으로서 세속적인 세계 안에 남겨진다.

그러므로 성과 속을 연결하는 제물은 가장 강력한 '성스러움의 기호'가 된다. 그리고 제물의 사체를 먹음으로써 인간은 제물이 빨아들인 성스러움을 자기 몸 안에 흡수하고자 한다. 마치 장례식에서 죽은 사람의 몸이 '성과 속의 경계선'에서 요동치는 강력한 상징이 되는 것과 같은 이치라고 할 수 있다. 희생제의 안에서 작동하는 논리는 일상의 논리가 아니다. 희생제의는 '파괴를 통한 창조'와 '살해를 통한 생존'이라는 실존의 역설이 가장 첨예하게 드러나는 현장이다. 희생제의에서는 더 많은 파괴가 더 많은 성스러움을 초래하고, 세속적인 것의 희생이 성스러운 것의 회귀를 야기한다. 희생제의는 폭력과 파괴를 통해 성스러움을 건축한다.

앙리 위베르(Henri Hubert)와 마르셀 모스에 의하면 "희생제의 이론은 종교만큼이나 오래된 것"[25]이다. 그들에 의하면, 성스러움을 만드는 희생제의는 종교의례의 가장 대표적인 형태이며, 따라서 모든 '의례의 테크닉'은 '성스러움의 테크닉'이라고 결론지을 수 있다.[26] 인간은 역사 속에서 다양한 기술적 장치를 통해 성스러움을 만들어왔다. 이 말은 그만큼 성스러움이 부서지고 흩어지기 쉬운 것이었음을 대변한다. 성스러움은 한 번 만들어 놓으면 영원히 지속하는 견고한 실체가 아니라, 부단히 돌보고 손질하고 재구성해야만 하는 그런 '의례적 상상력'의 산물인 것이다. 성과 속을 구별하고, 나아가 상황에 맞는 성스러움의 다양한 형태들을 건축하는 매우 복잡한 '의례의 테크닉'에 의해서만 성스러움을 관리할 수 있었던 것이다.[27]

희생제의는 '희생제물(victim)'을 매개로 하여 실현되는 세속과 신성의 커뮤니케이션이다. 따라서 희생제물이 무엇인가에 따라서, 그리고 희생제물을 어떻게 처리하는가에 따라서, 희생제의의 성격 또한 달라진다. 희생제의는 희생제물에 성스러움을 응축하고, 다시 이 성스러움을 희생주체(sacrifier)나 특정 대상에게 전달하는 것을 목적으로 한다. 즉, 희생제의는 제물을 통해 성스러움을 생산하고 관리하고 분배하는 역할을 수행한다. 그러나 희생제의는 '성스러움 만들기'에서 그치는 것이 아니라, 성스러움을 효과적으로 전달하고 전파하는데 더 많은 관심을 갖는 의례이다.

<그림 1>에서와 같이 희생제의의 커뮤니케이션 구조는 희생제물을 중심으로 하여 희생주체와 신이 만나는 형태로 구조화된다. 이러한 구조를 통해 성스러움이 만들어지고, 희생

주체와 희생제물과 신이 서로 성스러움을 주고받는 것이다. 이러한 기본적인 희생제의 도식은 앙리 위베르와 마르셀 모스의 공저 『희생제의: 그 본질과 기능』에 입각하여 재구성한 것이다. 점선은 양자가 간접적인 커뮤니케이션의 관계에 놓여 있음을 표시하고, 겹선은 양자가 직접적으로 성스러움을 주고받는 관계임을 표시한다.

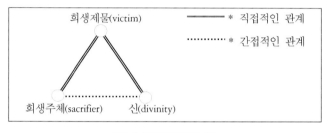

〈그림 1〉 기본적인 희생제의 도식.

'희생주체'란 희생제물의 비용을 부담하고 희생제의의 이익을 받으며 그 효력을 경험하는 사람을 가리키는 명칭이다. 나아가 위베르와 모스는 희생제의를 '인격적 희생제의(personal sacrifice)'와 '대상적 희생제의(objective sacrifice)'로 구분한다. '인격적 희생제의'는 희생제의의 효과가 희생주체의 인성에 직접적으로 효과를 미치는 경우를 가리킨다. '대상적 희생제의'는 희생제의의 효과가 집, 들판, 강, 맹세, 조약처럼 실재적이거나 관념적인 대상에 영향을 미치는 경우를 가리킨다. 희생제의란 희생제물의 성화를 통해 희생제의를 수행하는 도덕

적인 인격의 상태나, 그와 관련된 어떤 대상의 상태를 변경시키는 종교적인 행위이다.[28]

희생제의는 희생제물을 통해 희생주체와 신이 '간접적으로' 소통하는 의례이다. 여기에는 세속적인 인간이 감히 직접적으로 성스러움과 접촉할 수는 없다는 믿음이 내재해 있다. 성스러움은 세속적인 인간이 그냥 접촉하기에는 위험한 것이다. 그러므로 희생제의는 신에게서 전달되는 큰 성스러움을 희생제물 안에 응축한 다음, 희생제물을 잘게 분할하여 인간이 감당할 만한 작은 성스러움을 만들어낸다. 희생제물이 동물인 경우에 희생주체는 성화된 동물의 육체를 잘게 썰어 조금씩 작은 성스러움을 섭취한다. 이러한 '성스러움 먹기'에 의해 희생주체와 희생제물과 신 사이에 '희생제의적 연속성(sacrificial continuity)'이 만들어지는 것이다.

희생제의를 구별짓는 가장 중요한 속성은 희생제물의 정의와 관련된다. 예컨대, 구약에서 야훼가 허용하는 네 가지 순수한 희생제물은 양, 소, 염소, 비둘기이다. 이러한 희생제물이 희생주체와 신을 매개하기 위해서는 제물의 성화가 필수적이다. 희생제의의 제물은 보통 목이 잘리고, 가죽이 벗겨지고, 조각으로 나뉘어지며, 불에 그을려진다. 이렇게 폭력에 의해 파괴되는 봉헌물에만 우리는 '희생제물'이라는 명칭을 부여할 수 있다. 희생제의에서는 우유나 포도주 같은 액체뿐만 아니라 식물이나 과자조차도 살아있는 것으로 여겨지며 폭력과 파괴에 의한 살해의 대상이 된다. 이러한 살해를 통해 희생제물의 몸과 정령이 나뉘어져, 정령은 성과 속을 왕래하고 몸은 속의 영역에 남게 된다.

이처럼 희생제물의 몸과 정령을 분리시킴으로써 희생제물은 성과 속을 연결하는 가교가 되는 것이다. 희생제물은 성과 속의 경계선에 선 채 희생주체와 신을 결합하기도 하고 분리하기도 하는 만남의 조절 기능을 수행한다. 희생제물은 '경계선의 상상력'에 의해 작동한다. 종교적인 힘은 지나치게 강렬한 것이어서 세속적인 사물을 파괴하지 않고서는 사물 안에 저장될 수 없다.

그러므로 희생제물은 희생주체를 대신하여 파괴됨으로써 희생주체를 구원하는 역할을 떠맡는다. '구원'의 관념이 없는 희생제의는 없다. 그러나 무엇보다도 중요한 것은 희생제의 안에서 희생제물의 몸과 정령이 하는 역할이다.

이제 이러한 기초적인 희생제의의 도식을 스포츠에 적용해 보기로 하자. 일차적으로 스포츠에서 희생주체는 누구인가 하는 물음이 생겨난다. 물론 누구를 희생주체로 보느냐에 따라 스포츠에 대한 이해가 달라질 수 있을 것이다. 그러나 여기에서는 스포츠의 희생주체를 '관객(spectator)'으로 설정하고자 한다. 왜냐하면 근대 스포츠의 가장 큰 특징은 운동선수와 관객의 분리현상이며 관객이야말로 스포츠에 희생제의적 특성을 부여하는 중심축이 되기 때문이다. 그러면 희생제물은 자연히 '운동선수(athlete)'라고 말할 수 있다. 그렇다면 신의 자리를 차지할 만한 것은 무엇일까? 위베르와 모스는 "성스러운 것은 사회적인 것이다"라고 말한다. 그래서 그들은 희생제의 도식에서 신의 자리에 '사회(society)'를 대입한다. 희생제의는 무너진 사회적 평형상태를 교정하는 수단이며, 사회적인 불명예와 잘못을 속죄함으로써, 희생주체가 다시 사회에 진입하게 해준다. 종교적인 성스러움을 획득한다는 것은 사회적인 승인을 획득한다는 것을 의미한다. 희생제의를 통해 개인은 사회의 전체적인 힘과 권위를 부여받고, 사회는 사회적 규범을 재정립하는 것이다. 시간적으로도, 희생제의는 자연현상의 리듬에 맞춰 주기적으로 거행될 뿐만 아니라, 목적에 따라 임시적으로 거행되기도 한다. 그러므로 희생제의는 사회에 필요한 시간 리듬을 창출하는 기능까지도 수행한다. 희생제의 안에서 인간은 계약, 구원, 형벌, 선물, 재산의 포기, 도덕성, 불멸성 같은 온갖 사회적인 관념들을 학습한다. 그러므로 이러한 입장에서 신의 자리에 사회를 대입하면 <그림 2>가 그려진다.

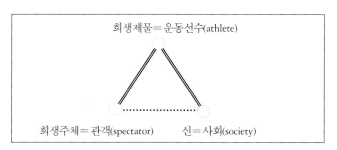

〈그림 2〉 스포츠의 기본적인 희생제의 도식.

그렇다면 <그림 2>의 도식이 <그림 1>의 도식과 적절히 유비되는가? 이러한 유비가 적절하기 위해서는 '희생제물'과 관련하여 두 가지 사항을 살펴보면 된다. 첫째는 관객과 사회가 운동선수라는 제물을 매개로 하여 간접적으로 만나는가의 여부이고, 둘째는 제물이 파괴와 폭력을 통해 성화되는가의 여부이다.

　　스포츠는 '몸의 교육학'이 연행되는 현장이다. 관객은 경기장에서 운동선수의 몸동작을 구경함으로써 '몸의 테크닉'을 전달받는다. 그리고 '몸의 테크닉'은 몸의 가능성과 불가능성을 연행함으로써 '몸의 상상력'을 조절한다. 운동선수는 규칙에 맞는 완벽한 몸을 관객에게 전달한다. 관객은 사회를 직접적으로 경험하지 않는다. 관객은 운동선수가 연행하는 몸짓을 통해 사회가 요구하는 이상적인 몸을 교육받게 된다. 운동선수는 사회가 제시하는 표준적인 몸을 연행하기 때문에, 그의 몸은 개인적인 몸이라기보다는 사회적인 몸이다. 희생제의가 인간과 신이 만나는 다양한 통로 가운데 하나인 것처럼, 스포츠 또한 인간과 사회가 만나는 하나의 통로가 되는 것이다. 또한 운동선수는 격투기에서처럼 상대방과 폭력을 주고받거나, 기계체조에서처럼 고도의 신체적 폭력을 자신의 몸에 직접 가하거나, 구기종목에서처럼 공을 매개로 하여 폭력과 파괴를 행사한다. 매개성과 폭력이라는 측면에서 볼 때, 운동선수는 충분히 희생제물의 자격을 갖추고 있다. 이제 스포츠가 지닌 기본적인 희생제의 도식은 어느 정도 분명해진 셈이다.

희생제의의 확장된 커뮤니케이션 구조

그러나 우리는 여기에서 한 걸음 더 나아갈 필요가 있다. 스포츠가 지닌 희생제의적 구조를 보다 완벽하게 도식화하기 위해서는 위베르와 모스가 말하는 '희생집전자(sacrificer)'의 자리가 첨가되어야 한다. 보통 일반사람은 성스러운 대상에 함부로 접근할 수가 없다. 희생제물의 경우처럼 파괴를 통해 성화된 대상은 세속적인 일반인의 접근을 차단한다. 희생주체는 면도를 하고, 손발톱을 깎고, 목욕재계를 하고, 의복을 갈아입고, 베일을 쓰고, 입을 헹구고, 단식을 하고, 성적 접촉을 금하고, 철야를 함으로써, 자신의 시간적인 존재를 제거하고 희생제의에 적합한 비시간적인 몸을 만든다.

그러나 희생주체의 예비적인 성화만으로는 희생제물의 과도한 성스러움을 감당할 수 없다. 그래서 희생주체는 자신과 희생제물을 매개하는 또 다른 매개자를 필요로 한다. 그래서 '희생집전자'로서의 사제(司祭)가 등장하는 것이다. 희생집전자는 신의 세계와 접촉할 자격이 주어진 자로서 '미리 성화된 자'이다. 그러므로 그는 제물에 접근할 뿐만 아니라 신과도 접촉할 수 있는 사람이며, 의례상의 치명적인 잘못을 예방하는 안내자이기도 하다.

희생집전자는 희생주체의 대리인이자 신들의 대리인이라는 이중적인 역할을 갖는 자이다. 그러므로 희생집전자 또한 희생제물처럼 성과 속의 경계선에 위치한 자이다. 그러나 희생제물

이 희생주체에 가까운 매개자라면, 희생집전자는 오히려 제물
을 파괴하여 성화시키는 신들의 대리인이라는 성격이 강하다.

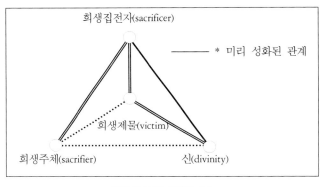

〈그림 3〉 확장된 희생제의 도식.

<그림 1>과는 달리, <그림 3>은 희생주체가 희생집전자
와 희생제물이라는 이중적인 매개자를 동원함으로써 성스러
움의 힘을 단계적으로 완화시켜 수용하는 양상을 보여준다.
희생제물과 희생집전자라는 이중적인 매개를 통해 성스러움
의 안전하고 유효한 소통을 보증하는 것이다. <그림 3>에서
실선은 양자의 '미리 성화된 관계'를 표시하며, 이것은 희생제
의를 통해 일시적으로 만들어지는 성스러움의 통로가 아니다.
다시 우리는 이러한 구조를 스포츠의 구조에도 적용해볼 수
있다. 그 결과로써 우리는 <그림 4>와 같은 도식을 얻을 수
있다. <그림 2>와 비교할 때 달라지는 것은 '운동선수'와

'몸'을 분리시켰다는 점이다. 몸이라는 새로운 항이 중심점에 자리 잡음으로써, 이제 운동선수의 몸이 희생제물이 된다. 이처럼 몸을 희생제물로 자리매김함으로써, 우리는 위에서 논의한 '몸의 테크닉'과 '몸의 상상력'이라는 주제로 다시 돌아갈 수 있다.

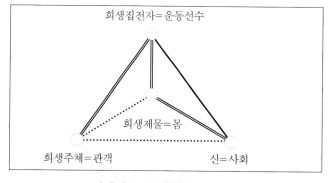

〈그림 4〉 스포츠의 확장된 희생제의 도식.

일반 관객은 경기장에서 전시되고 전달되는 완벽한 사회적인 몸을 직접적으로 체험할 수 없다. 그래서 관객은 운동선수라는 희생집전자의 안내를 받아 경기장에서 전시되는 몸을 하나씩 학습하게 된다. 운동선수는 사회가 요구하는 훈육된 몸을 체득한 자이며, 이러한 자신의 몸을 희생제물로 만든다. 희생집전자처럼 운동선수 또한 '관객의 대리인'이자 '사회의 대리인'이라는 이중적인 역할을 떠맡는다. 운동선수는 개인이면서도 사회라고 말할 수 있다. 그리고 관객은 자신의 몸에 직접 폭력을 가함으로써 몸을 훈육하는 것이 아니라, 운동선수의 몸에 가해지는 폭력을 통해 '몸의 테크닉'을 학습한다. 희생주체가 희생제의의 비용을 지불하는 것처럼, 경기장의 비용을 지불하는 것은 관객이다. 이처럼 스포츠의 희생제물은 개인적인 몸과 사회적인 몸을 매개하는 역할을 하는 운동선수의 몸이다. 운동선수의 몸은 관객에게 '몸의 테크닉'을 주입하고 관객의 '몸의 상상력'을 조절하는 역할을 수행한다.

지금까지 우리는 희생제의와 스포츠의 구조를 비교해보았다. 이러한 접근은 스포츠가 '몸의 테크닉'과 '몸의 상상력'의 교차점에서 어떤 기능을 하는가에 대한 밑그림을 그리기 위한 것이었다. 그러나 지금까지 살펴본 것은 스포츠의 희생제의 도식 가운데서도 가장 전형적인 것이다. 우리는 모든 스포츠가 단일한 구조를 갖지는 않는다는 점을 유념해야 한다. 스포츠는 기원이 다른 다양한 종목들로 이루어져 있다. 스포츠의 현실적인 양태가 다양한 만큼 스포츠의 희생제의 도식 또한 다양한 변형과 수정의 가능성을 지닌 것임에 틀림없다. 그러므로 긴 우회로를 거쳐 우리가 얻게 된 스포츠의 희생제의 도식은 보다 구체적인 스포츠 현상을 분석하기 위한 기초 도식의 의미를 지닌다.

성화의 희생제의와 탈성화의 희생제의

위베르와 모스에 의하면 희생제의의 가장 일반적인 도식은 입장(entry)→희생제물의 파괴→퇴장(exit)이라는 세 단계로 이루어진다. 이를 간단하게 정리하면 <그림 5>와 같은 도식이 나온다.

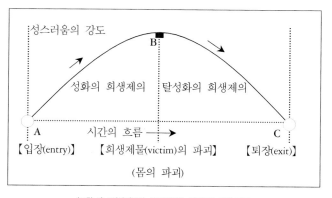

<그림 5> '희생제물의 성스러움'의 시간적인 변화 구조.

이러한 틀에 입각하여 위베르와 모스는 희생제의의 기능과 관련하여 '성화의 희생제의(sacrifice of sacralization)'와 '탈성화의 희생제의(sacrifice of desacralization)'를 구별한다. 전자는 신의 세계로부터 성화된 희생제물을 경유하여 희생주체를 향해 긍정적인 성스러움이 흘러들어오는 경우를 지칭한다. '성화의 희생제의'에서는 희생제물을 통해 성스러움을 먹는 성찬식(communion)이 일반적이며, 입문식이나 성직수임식이 대표적인 사례가 된다. 즉, 성스럽지 않은 사람이나 대상을 성스럽게 만들기 위해 희생제의가 행해지는 것이다. 이때는<그림

5>에서의 A→B라는 상승곡선이 희생제의를 지배한다.

이에 반해 B→C의 하강곡선은 '탈성화의 희생제의'를 나타낸다. 이것은 죄, 오염, 질병을 제거하는 '속죄의식(expiation)'이나 '축귀의식(exorcism)'의 기능을 수행하며, 주로 불순(impurity)이나 오염(pollution)으로 표상되는 부정적인 성스러움을 제거하고 정화하기 위한 희생제의의 형태이다. 이때에는 성스러움(불순)이 희생주체로부터 희생제물 속으로 스며들어 신의 세계로 흘러들어 간다. '성화의 희생제의'는 성스러움의 긍정적인 측면을 부각시키고, '탈성화의 희생제의'는 성스러움의 부정적인 측면을 부각시킨다. 성(sacred)은 순수할 수도 있고 불순할 수도 있다. 마찬가지로 속(profane) 또한 불순할 수도 순수할 수도 있다. 이처럼 희생제의에서는 성/속, 순수(pure)/불순(impure)이라는 이중적인 대립범주가 중첩적으로 작동한다.

대부분의 희생제의에서는 '성화의 희생제의'와 '탈성화의 희생제의'가 그 강도의 차이와 더불어 중복되어 나타난다. 희생제의가 성화나 탈성화 가운데 어느 하나만을 드러내는 경우는 드물다. 심지어 성화와 탈성화는 상호의존적인 관계를 맺고 있다. 신과 희생제물과 희생주체는 끊임없이 성스러움을 주고받는 교환회로 안에 놓이게 된다. 그리고 희생주체가 성화되더라도 일상공간으로 나서기 위해서 그는 반드시 탈성화되어야 한다. 이때 성스러움은 불순한 것으로 인식된다. 희생제물이 성화되더라도 인간이 제물을 먹기 위해서는 제물이 어느 정도 탈성화되어야 한다. 이처럼 희생제의 안에서는 복잡한 성화와 탈성화의 변증법, 순수와 불순의 변증법이 작동한다. 그러므로 희생제물을 중심으로 하여 이루어지는 성화와 탈성화, 순수와 불순에 의해서 희생제의를 다양하게 유형화할 수 있다.

우리는 이러한 도식을 스포츠의 희생제의적 구조에도 적용해볼 필요가 있다. 스포츠에서도 우리는 '성화의 희생제의'와 '탈성화의 희생제의'를 모두 독해할 수 있을 것이다. '몸의 테크닉'을 교육받는다는 측면에서 스포츠에는 운동선수의 사회적인 몸이 관객의 개별적인 몸 안으로 스며드는 성화의 측면이 존재한다. 관객은 '몸의 테크닉'을 관람함으로써 사회적인 아비투스를 학습할 뿐만 아니라, 사회의 지고한 도덕률과 엄격한 규범을 익히게 된다. 운동선수처럼 철저히 규칙에 의해 통제되는 도덕적인 인간, 즉 사회가 원하는 성스러운 인간이 만들어지는 것이다. 역으로 운동선수의 몸을 관람함으로써 관객은 세속적인 때가 묻은 자신의 불순한 몸을 탈성화시킨다. 관객은 스포츠를 통해 나태한 몸, 욕망으로 가득 찬 몸, 비도덕적인 몸, 악마적인 몸을 증발시킨다. 스포츠는 사회적인 도덕성을 '몸의 무의식' 안에 주입한다. 이로 인해 관객의 일상생활이 스포츠가 된다.

희생제물의 해석학

그러나 무엇보다 우리의 분석에서 중심 자리를 차지하는

것은 희생제물로서의 몸이다. 희생제물은 에너지와 사유의 집중이 발생하는 장소이다. 희생제물은 인간과 신이 접합하는 만남의 장소이다. 이런 맥락에서 위베르와 모스는 농경 희생제의를 분석하면서 희생제물의 변천이 신 관념의 변천을 가져온다는 대담한 가설을 세운다. 곡식 다발이었던 희생제물이 이름을 부여받거나, 농경적인 제물이 동물제물이나 인간제물로 바뀌면서, 희생제물의 정령 또한 농경적 의미를 상실하고 탈맥락화됨으로써 점차 자체의 자율성을 획득하기 시작했다는 것이다. 그리고 이러한 제물의 정령이 도덕적인 인격을 갖게 됨으로써, 정령이 축제나 의례의 차원과는 별도로 신화나 전설 안에서 자율적으로 존재하기 시작했을 것이라고 말한다. 이러한 과정을 통해 제물의 정령이 탈맥락화되고 개별화되었으며 우리가 아는 자율적인 새로운 신이 되었다는 것이다.

이런 논리를 따르자면, 희생제물이 변화함에 따라 신 개념 또한 변화했다는 결론이 나올 수 있다. 희생제물의 신격화(apotheosis)를 통해 인류는 의례와는 별도로 '신화적 상상력' 안에서 독립적으로 활동하는 신을 갖게 된 것이다. '신화적 상상력'에 의한 '희생제물의 해석학'이 자율적이고 인격화된 신을 창조한 것이다. 다시 이러한 신은 신의 자기희생에 의해 인류를 구원하는 '죽어 부활하는 신(dying and rising god)'이 된다. 이러한 신은 스스로가 희생주체이자 희생집전자이자 희생제물이 되는 것이다. 이러한 맥락에서 보면 신의 자기희생에 의한 우주창조론은 모두 희생제물에 대한 '신화적 상상력'의 산물이라고 할 수 있다. 마찬가지로, 선신과 악신이라는 개념은 동일한 하나의 신이 승리하는 신과 패배하여 제물이 되는 신으로 이중적으로 분화되어 재구성된 '신화적 상상력'의 산물이다. 위베르와 모스는 이것을 희생제물의 '신화적 이중화(mythological doubling)'라고 명명한다.

이러한 위베르와 모스의 생각을 스포츠의 희생제물인 운동선수의 몸에 적용해본다면 어떤 결과가 도출될 수 있을까? 여기에서 우리는 비로소 '몸의 해석학'을 만나게 된다. 우리는 운동선수의 신격화 내지는 영웅화 현상을 쉽게 목도할 수 있다. 스포츠의 희생제의 또한 운동선수의 몸이라는 희생제물을 통해 근대사회에 적합한 새로운 신을 창조하는 사회적 기능을 수행한다. 이것은 '스포츠의 신'이자 '몸의 신'이며 근대사회의 '신화적 상상력'에 의해 상황에 맞게 재해석되는 신이다. 맥락에 따라 이러한 신은 '상업의 신', '건강의 신', '도덕의 신', '민족주의의 신' 등으로 다양하게 재해석된다. 이처럼 희생제의 도식은 우리로 하여금 '희생제물의 해석학'이라 할 만한 것을 전개할 가능성의 단초를 제공해준다.

느린 동작의 해부학: 의례학의 재구성

신화와 의례

종교란 거대하고, 기묘하며, 드라마틱하고, 도덕적이며, 신
비로운 것이어야 한다는 것은 우리의 '문화적 편견'일 뿐이다.
조나단 스미스(Jonathan Z. Smith)는 "나는 종교에 어떤 특권도
부여하지 않는다. 종교는 일상적이고, 상식적이며, 보통은 지
루하기까지 한 것이다"[29]라고 말한다. 종교는 도덕이 아니다.
오히려 종교는 세상의 어떤 것보다도 부도덕한, 혹은 무도덕
한 모습을 보여주곤 한다. 그러므로 도덕의 잣대로 종교를 재
단하는 순간, 우리는 종교의 중요한 특징을 놓치게 된다. 종교
적인 시공간 안에서만 종교가 살고 있는 것도 아니다. 일상의

무엇이든 종교의 재료가 될 수 있다. 일상생활공간은 종교의 탄생지일 뿐만 아니라 종교의 무덤이기도 한 것이다. 우리의 몸이 언제 어디에 놓여 있는가에 따라 '성스러움의 지도'는 매번 달라진다. 성스러움은 우리의 몸을 중심축으로 하여 끊임없이 이곳에서 저곳으로 옮아가는 유동체이다. 종교적인 사물과 세속적인 사물이 따로 있는 것도 아니다. 종교공간이 그저 관광 상품으로 변모할 수 있듯이, 컴퓨터가 종교의례의 구성요소로 수용될 수도 있다. 종교란 세속과는 철저히 다른 이질적인 것이라고 묘사하는 것은 우리의 '종교적 편견'을 강화시킬 뿐이다.

그렇다고 해서, 모든 것이 종교적인 것이라거나, 세상의 모든 일은 결국 종교로 환원된다고 말할 수는 없다. 종교와 비-종교(non-religion)를 가르는 경계선이 엄연히 존재하기 때문이다. 그러나 종교는 바로 이러한 것이라고 말할 만큼 뚜렷한 단하나의 특징으로 종교를 요약할 수는 없다. 다른 영역이 그러하듯이, 종교는 수많은 이종의 현상들이 얽히면서 복합적인 층위구조를 이루고 있다. 오히려 우리는 종교를 향해서 우회적인 방식의 물음을 던질 필요가 있다. "종교란 무엇인가"라고 묻지 않고 "신화란 무엇인가" 혹은 "의례란 무엇인가"라고 질문함으로써, 물음을 세분할 필요가 있는 것이다. 물음을 세분한다는 것은 그만큼 묻는 대상의 윤곽을 선명하게 만들어주기 때문이다.

신화는 언어이고, 의례는 실천이다. 그러나 지금까지의 종교 연구는 신화를 중심에 놓고 의례를 주변에 부속시켜 왔다. 프로테스탄티즘을 이야기하면서 이미 살펴보았듯이 근대문화는 언어 중심적인 체계를 가지고 있기 때문에, 근대화 과정 속에서 살아남기 위해서 종교는 스스로를 '신화화'하고 '언어화'할 필요가 있었다. 그래서 근대적인 종교사는 종교를 신화 중심적으로 재편했던 역사라고 할 수 있다. 이러한 배경을 통해 종교를 보는 우리의 시선은 행동보다는 말을 편애하게 되었다. 현재 우리의 모든 몸짓은 항상 말로 번역되어 사용된다. 그러나 종교의 역사는 말의 역사일 뿐만 아니라, 행동의 역사이기도 하다. 그러므로 괴테(J. W. von Goethe)의 말처럼 "태초에 행동이 있었다"라고 말함으로써 전략상 말보다 행동에 우선성을 부여해야 할는지도 모른다. 이 글의 맥락에서 볼 때, 신화 중심적인 종교관은 종교 안에 들어 있는 '몸의 테크닉'의 풍부한 역사를 보지 못하게 가로막는 장애물이다.

그러나 의례를 이론화하는 작업은 결코 순탄하지 않다. 현재 우리 문화 안에서 '신화의 힘'은 압도적인 것이기 때문에, 신화와 의례의 상관성 문제는 의례를 신화로, 행동을 언어로 환원시킬 수밖에 없다. 따라서 종교 안에서 의례가 지니는 특징을 따로 떼어내어 관찰할 필요성이 생기는 것이다. 말과 행동 가운데 무엇이 우선인가의 문제는 우리의 관심사가 아니다. 다만 우리는 의례를 순전한 '형식'의 관점에서 바라볼 필요가 있다. 신화는 '내용'을 중시하지만, 의례는 '형식'을 중시한다. 신화는 가장 '순수한 내용(pure content)'을 탐구하고, 의례는 가장 '순수한 형식(pure form)'을 탐색한다. 신화는 진위를 판별할 수 없는 영역 안에 '완벽한 내용'을 자리매김하는 것이고 의례는 반드시 성공할 수밖에 없는 '완벽한 형식'의 행위를 정립하는 것이다. 특히 의례는 완벽한 '몸의 형식'과 '몸의 공식'을 전시하는 현장이 된다. 이러한 특징을 단초로 하여 신화와 의례에 대해서 좀더 살펴보기로 하자.

신화는 삶과 죽음, 육체와 정신, 성스러운 것과 세속적인 것이라는 대립적인 범주를 통해 세계를 이분법적으로 분할하는 기능을 수행한다. 신화는 인간과 신, 현재와 과거의 불연속성을 강조하고, 인간의 세계와는 전혀 다른 성스러운 세계를 그려낸다. 그래서 신화는 타자성(otherness)을 생산해내는 엔진의 역할을 수행한다. 신화 안에는 우리에게 친숙하지 않은 무수한 타자들이 등장한다. 신화적인 시공간은 현실적인 시공간으로부터 완전히 분리되어 무시간성의 지배를 받는다. 그래서 신화는 타자성의 세계를 묘사하는 정적인 '스틸 사진'과도 같은 것이다. 때문에 신화는 시간과 역사가 제거된 공시성(synchrony)에 입각하여 서술된다. 신화는 가장 '완벽한 내용'들을 적절히 배치하여 전시하는 공시적인 구조를 갖는다. 따라서 신화 안에는 비시간적인 '스냅숏(snapshot)'의 이미지들이 배치되어 있다. 이러한 속사(速寫) 이미지들의 배열에 의해서 신화는 우리의 세계와는 전혀 다른 세계의 성스러움, 즉 '대립의 성스러움'을 만들어낸다.

이와는 다르게, 의례는 통시성(diachrony)을 중시한다. 의례는 정해진 시공간 안에서 연행된다. 의례는 사물들을 분리하여 적절한 장소에 자리매김하고, 몸의 행위를 세분하여 순서대로 시공간에 배치한다. 스포츠의 예에서 살펴보았듯이, 의례는 규칙의 엄격한 준수에 의해 의례다움을 유지한다. 의례에는 따라야 할 지나치게 많은 규칙이 있다. 일상의 시선으로 볼 때, 의례의 규칙은 그 존재 이유를 설명할 수 없는 군더더기처럼 보일 것이다. 일상생활의 규칙은 유용성과 의미를 가지고 있다. 그러나 의례에는 필요 이상으로 규칙이 범람한다. 스티븐 웹(Stephen H. Webb)의 말처럼 "종교는 과장이다." 마찬가지로 의례는 '규칙의 과장법'을 구사한다. 이러한 점을 좀 더 강조해보자.

세분, 완벽, 느림, 순서

레비스트로스는 의례의 기본 작용을 '세분(parcelling out)'과 '반복(repetition)'으로 요약한다. 먼저 '세분'에 대해서 설명해보자. 의례는 무한 구별을 통해 가장 엷은 차이의 그림자에도 차별적인 가치를 부여한다. 동일한 유형의 몸짓이라 할지라도 다른 역할과 다른 의미를 갖게 되며, 오른쪽에서 왼쪽으로 행해지는가, 높은 쪽에서 낮은 쪽으로 행해지는가, 안쪽에서 바깥쪽으로 행해지는가에 따라, 의례 안에서 몸짓이 놓이는 자리가 변경된다. 의례는 일반화에는 관심이 없으며, 오로지 미시적인 세부에만 관심을 둔다. 이를 통해 의례는 일상의 연속적인 행위를 미세하게 분할함으로써 행위의 최소 단위, 즉 '행위소'를 찾아낸다. 본래의 일상 행위는 연속적이고 무차별적인 것이어서 분할할 수 없는 것이다. 그러나 의례는 일상의 연속적인 동작을 작고 완벽한 동작들로 분해한다. 즉, 큰 동작을 작은 동작들로 분할하는 것이다. 무한히 작은 동작은 '형식의 완벽성'을 추구하게 되어 있다. 그러므로 의례에서는 '몸의 테크닉'이 일차적인 중요성을 갖게 되는 것이다. 아주 작은 동작 하나라도 놓치지 않고 주목한다는 점에서 올바른 행위인가 아닌가가 투명하게 드러나는 것이다.

'완벽한 동작'이란 특정한 목적을 추구하지 않는 동작이며, 자족적이고 자기목적적인 동작이다. 따라서 의례의 동작은 언어의 도움이 필요 없는 '순수한 동작'이다. 의례는 "세부를 향한 무한한 주목(infinite attention to detail)"에 의해 행위를 세분함으로서 '순수한 동작'을 발견하는 장치인 셈이다. 이처럼 의례는 행위 이외의 다른 목적을 위해 행위하지 않으며, 오로지 행위 자체의 완벽성만을 추구한다. 의례의 가장 기초적인 규칙은 행위를 세분하여 각각의 작은 동작을 '완벽하게 만드는 것(perfecting)'이다. 그런데 완벽한 행위를 만들기 위해서는 먼저 행위를 충분히 느리게 만들어야 한다. 이렇게 행위가 느려질 때, 행위는 '의례의 해부학'에 의해 작게 분할될 수 있다. 이러한 메커니즘에 의해 순수하고 완벽한 작은 동작, 언어에 의한 해석이 필요 없는 동작, 즉 '행위소'들이 만들어지는 것이다. 의례는 수많은 '행위소'들을 엄격한 순서로 엮어내어 의례적 시공간 안에 차례대로 배치한다. 의례에서 행위소의 '순서(sequence)'는 매우 중요한 것이다. 이상적인 몸짓을 '순서'대로 연행하는 것이 바로 의례의 핵심이기 때문이다. '순서'를 완벽하게 따른다는 것은 곧 그 행위가 성스럽다는 것을 의미한다. 이렇게 해서 의례는 '순서의 성스러움'을 만들어낸다. 그리고 느림은 순서대로 배치하기, 즉 '순서의 성스러움'을 만들어내는 전제 조건이라 할 수 있다.

미시적인 동작은 마치 '슬로우 모션(slow motion)'으로 촬영된 필름을 보는 것과 같은 효과를 자아낸다. 그런데 '느린 동작'으로 행위를 관찰하면, 동일한 행위라도 전혀 다른 영상을 보여준다. 의례는 느림이다. 의례는 모든 것을 느리게 만든다. 의례가 시간의 속도를 마비시키기 때문이다. 빠름에 익숙한 사람은 연신 하품을 해대면서 의례가 펼치는 느림의 놀이에 참여할 수밖에 없다. 모든 놀이에 규칙이 있듯이 의례에도 규칙이 있다. 의례의 대표적인 규칙은 바로 '느림'이다. 빠름은 의례의 규칙을 위반하는 비-의례적인 것(non-ritual)이다. 지금까지 우리는 '세분, 완벽, 느림, 순서'라는 의례의 핵심어를 뽑아낼 수 있었다.

반복과 차이

그런데 레비스트로스가 말했듯이, 의례의 가장 중요한 또 다른 장치는 '반복'이다. 의례는 같은 말과 행위를 반복함으로써 '반복의 과잉'을 실현한다. '슬로우 모션'의 영상을 점점 더 느리게 하면 할수록 전후의 동작은 서로 비슷해진다. 마치 필름 원판의 인접한 프레임들을 서로 거의 구별할 수 없는 것처럼, 극도로 느려진 연속 행위의 전후 동작은 서로 엇비슷한 것이 된다. 그러므로 극미하게 작아진 전후 동작들은 마치 동일한 동작을 반복하는 듯한 착각을 불러일으킨다. 그래서 의례에서는 동일한 말과 동작이 무수히 반복되는 것처럼 보인다. 그러나 의례에서는 동일한 동작이라고 할지라도 동작이 놓이는 시공간적인 위치에 따라 그 의미가 달라진다. 일상의 시선으로 보면 서로 비슷한 동작으로 보이더라도, 의례전문가의 눈은 세분된 동작들의 차이를 감지할 수 있는 것이다. 그러므로 의례는 극미한 동작과 소리조차도 구별하는 탁월한 눈과 귀를 요구한다. 의례적 시청각은 일상의 시청각으로는 도저히 감지할 수 없는 차이를 지각하는 미시적인 감각으로 구성되어 있다. 그러므로 의례에 나타나는 반복은 '동일성의 반복'이 아니라 '차이의 반복'인 셈이다. 이러한 차이를 통해 의례는 '차이의 성스러움'이라 할 만한 것을 만들어 낸다. 의례는 차이의 훈련이다.

의례는 '느린 반복'이다. 그래서 의례는 더욱 지루한 것이 된다. 느리게 보면 정상적인 속도에서는 보이지 않던 것들이 보이게 된다. 예전에는 보이지 않던 것들, 혹은 볼 수 없었던 것들이 의례의 렌즈를 통해 비로소 모습을 내비치는 것이다. 의례에는 느려진 사물과 현상이 만들어내는 '느림의 성스러움'이 존재한다. 느려진다는 것은 움직임 하나하나를 해부학적인 시선으로 포착할 수 있다는 것을 의미한다. 그래서 의례는 '느림의 해부학'이다. 일상생활에서는 무의식적으로 무심하게 지나쳤던 미시적인 차이가 이제 느림의 틈새를 비집고 드러나는 것이다. 의례는 일상을 느린 동작으로 보여주면서 잊고 지내던 일상의 틈을 파헤친다. 그러므로 의례는 우리의 '일상적인 무의식'이 간과하기 쉬운 사소하고 진부한 문제를 확대하고 과장해서 보여주는 '메타적인 시선'을 만들어 낸다. 의례는 작은 차이에 목숨을 건다. 조선 시대 예송(禮訟)에서처럼 장례와 관련하여 어떤 종류의 상복을 입을 것인가의 문제를 놓고 사투를 벌이기도 하는 것이다. 일상적인 시선으로 볼 때, 예송은 정말 무의미한 논쟁이다. 그러나 의례적인 시선으로 볼 때, 옷 한 벌의 차이가 세상의 무엇보다도 중요한 의미를 가질 수도 있는 것이다. 작은 동작 하나를 잘못 행했다는 것은 전체 의례가 실패했다는 것을 의미하기 때문이다.

의례의 무의미성

그러므로 의례의 영역 안에서는 과장법이 난무한다. 의례는 작은 것, 사소한 것, 하찮은 것이 지나치게 중요하게 취급되는 영역이다. 그래서 의례의 성스러움은 '과장법의 성스러움'이다. 조나단 스미스의 주장을 바꿔 표현하자면, 의례는 무의미한 동작을 얻기 위해 일상의 필수적인 왜곡을 성취하는 '훈련된 과장(disciplined exaggeration)'이라 할 수 있다.30) 가령 의례를 행하는 사람에게 왜 그러한 동작을 구사하느냐고 물어 보자. 그들은 아마도 의례란 본래 그러한 것이라고 말할 것이다. 의례를 행한다는 것은 춤을 추는 것과 비슷한 것이다. 이사도라 던컨(Isadora Duncan)은 "이게 뭘 의미하는지를 말할 수 있다면 이렇게 춤춘다는 것은 무의미할 것입니다"라고 말했다. 마찬가지로 의례를 행하는 사람에게 왜 이런 동작을 연출하느냐고 물을 때 우리는 비슷한 대답을 들을 것이다. 의례의 모든 동작 그 하나하나가 무의미하다. 적어도 목적 없는 행위, 즉 언어적인 해석을 요청하지 않는 행위라는 점에서 의례의 몸짓은 무의미하다. 행위가 무의미하다는 것은 '언어의 질병'에서 벗어났다는 것을 의미한다. 순수한 행위란 '의미의 영도(零度)'에 위치하는 행위를 가리킨다.

프리츠 스탈(Frits Staal)은 '의례의 무의미성'31)에 대해서 이야기한다. 의례는 그 자체로 무의미한 것이다. 의미란 언어의 산물이다. 그러나 의례는 언어의 때가 묻지 않은 순수하고 이상적인 동작만을 보여준다. 스탈은 종교의 핵심은 신화가 아니라 의례에 있다고 주장한다. 가령 비트겐슈타인(L. Wittgenstein)은 "말이 종교에 본질적인 것인가요? 나는 교리가 없는, 그러므로 아무것도 말해지지 않는 종교를 아주 잘 상상해볼 수 있습니다. 분명히 종교의 본질은 말이 발언된다는 사실과는 전혀 관계가 없습니다. 설령 말이 발언되더라도, 이것은 그 자체 종교적인 행동의 구성요소일 뿐입니다……. 그러므로 아무것

85

도 말이 진실한가, 거짓인가, 아니면 무의미한가에 의존하지 않는 것입니다"[32]라고 말한다. 스탈은 비트겐슈타인의 이러한 주장에 의존하면서 의례의 무의미성이야말로 종교의 모체라고 이야기한다. 의례는 몸짓에 들러붙어 있는 '낡은 의미'를 체질(sifting)하여 걸러내는 '체'의 역할을 한다. '낡은 의미'로 얼룩진 행위는 '새로운 의미'나 '비일상적인 의미'를 수용할 수 없는 행위이다. 일상적인 행위는 세속적인 의미의 때로 더럽혀진 행위이기에, 의례는 모든 낡은 의미를 체질하여 제거한다. 이러한 과정을 통해 비로소 인간의 몸짓 하나하나의 순수성이 회복되는 것이다. 순수한 몸짓이란 어떤 의미라도 들러붙을 수 있는 몸짓이며, 어떤 고정된 의미도 존재하지 않는 몸짓을 의미한다.

의례 행위를 스포츠와 비교해보자. 토끼를 추격하는 사냥꾼의 달리기는 분명히 그 자체로 의미가 있다. 이때 달리기의 목표는 오직 토끼를 잡는 것일 뿐 따라야 할 엄격한 규칙은 없다. 그러나 육상의 달리기는 전혀 다른 차원에서 진행된다. 육상선수는 정해진 길을 반시계방향으로 자신의 트랙을 이탈하지 않으면서 달려야만 한다. 규칙의 준수는 스포츠의 가장 중요한 핵심이다. 육상선수는 그저 달릴 뿐 아무것도 생각하지 않는다. 그저 자신의 몸을 최대한 활용하여 몸동작에 몰두할 뿐이다. 외부에서 볼 때는 육상경기가 메달을 따기 위한 것처럼 보일지라도, 실제로 육상경기의 달리기 자체는 아무런 실용적인 목적도 의미도 없는 것이다. 육상의 달리기는 실용적인 목적을 갖지 않는 무의미한 '놀이'일 뿐이다. 육상경기가 무엇인지 전혀 모르는 사람이 볼 때, 달리기 경주는 헛되이 에너지를 낭비하는 광적인 행동일 것이다. 육상경기는 그저 '달리기의 형식'만을 전시하여 보여줄 뿐이다. 메달이나 경쟁은 달리기의 무의미성을 은폐하는 장막에 불과한 것이다. 스포츠는 달리기의 일상적이며 실용적인 모든 의미를 제거한 '무의미의 놀이'이다.

또 다른 예로써, 창던지기는 일종의 전투행위이며, 적을 살해하기 위한 동작이다. 그러나 육상의 한 종목으로서 창던지기는 누군가를 살해하기 위한 행위가 아니다. 그저 전투행위의 형식만을 모방한 것일 뿐이다. 육상의 창던지기는 무의미한 것이다. 이것은 그저 창을 던지는 몸동작의 형식만을 차용하여 의례화한 것일 뿐이다. 여기에는 원래의 전투적인 의미가 존재하지 않는다. 이처럼 스포츠는 '창던지기의 형식'만을 의례화할 뿐이다. '의례화'란 본래의 행동으로부터 그 의미를 제거하여 '몸동작의 형식'만을 전시하고 반복한다는 것을 의미한다. 이러한 맥락에서 스포츠는 '몸의 테크닉'에 의해 정교하게 다듬어진 '몸의 형식'을 전시하는 현장이 되는 것이다. '몸의 테크닉'이란 의미에 의해 오염된 몸에서 '낡은 의미'를 제거하는 기술이다. 이로써 의미가 탈취된 무의미한 몸이 만들어진다. 무의미한 몸은 전혀 예상치 못한 새로운 의미를 수용할 수 있게 된다. 운동선수는 자신의 몸동작이 갖는 일상적인 '의미'를 희생하는 사람이다. 운동선수의 몸은 무의미한 몸이다. 운동선수는 무의미한 몸으로 무의미의 놀이를 하는 사람이다. 그러므로 의미화의 강박증에 걸려 있는 근대성의 세계 안에 무의미한 몸이 존재한다는 것, 이것이 바로 스포츠의 존재 이유일 것이다. 그러나 역으로 그렇게 무의미하기 때문에 운동선수의 몸은 애국주의의 몸, 민족주의의 몸, 미학의 몸, 상업의 몸, 성스러운 몸으로 쉽게 전환될 수 있다. 무의미한 몸은 어떤 의미라도 수용할 수 있는 무한한 몸이기 때문이다.

무의미의 성스러움

종교의례는 무의미한 몸을 신과 만나기 위한 성스러운 몸으로 이용한다. 성스러움이 의미의 무한성을 가리킨다면, 이러한 성스러움을 감당하기 위해서 인간은 자신의 몸에서 '낡은 의미'를 모두 제거해야만 한다. 무의미한 몸이란 성스러운 몸이라고 할 수 있다. 역사적으로 종교와 극장은 경쟁자였다. 그만큼 서로 닮아 있는 것이다. 배우는 자신의 일상적인 몸을 지우고 새로운 몸을 주조하는 사람이다. 배우는 가공의 인간을 만들어내기 위해 자기의 몸을 주형으로 사용한다. 빙의(憑依), 즉 신들림에 의해 신에게 몸을 내주는 무당처럼, 배우는 극의 등장인물에게 자신의 몸을 내준다. 배우는 자신의 몸을 무의미하게 만드는 사람이다. 그래서 극장과 종교는 닮아 있다.[33] 이러한 맥락에서, 오늘날의 극장과 스포츠 경기장은 모두 종교의 잠재적인 경쟁자인 셈이다.

프로테스탄티즘은 종교를 신화와 도덕으로 환원함으로써, 종교의 영역에서 의례를 추방했다. 물론 그러한 종교개혁이 전적으로 성공을 거둔 것은 아니었다. 하지만 프로테스탄트 금욕주의는 여전히 학문뿐만 아니라 삶의 모든 영역에 스며들어 막강한 영향력을 발휘하고 있다. 금욕은 여전히 우리의 탁월한 미덕이다. 근대성은 종교의례의 무의미성을 견디지 못한다. 근대성의 문맥에서 무의미를 추구하는 의례는 광신과 광기의 징후였다. 따라서 근대의 종교적인 합리성은 점차 의례를 종교의 영역에서 추방했다. 그렇다면 그 많던 종교의례는 다 어디로 갔을까? 종교의례가 전승하던 그 많던 무의미한 몸들은 다 사라지고 만 것일까? 우리는 아마도 그러한 몸을 스포츠, 춤, 연극, 영화 등에서 발견할 수 있을 것이다. 인간은 의미 없이 살 수 없는 존재이다. 그러나 동시에 인간은 항상 '낡은 의미'로부터 벗어날 것을 꿈꾼다. 그래서 인간은 무의미의 가능성을 추구한다. 무의미한 몸이란 낡은 몸을 제거하고 새로운 몸을 얻을 수 있기 위한 토대이기 때문이다. 무의미한 몸은 새로운 '의미의 착생(accretion of meaning)'[34]을 가능하게 하는 몸이다. 그러므로 '몸의 테크닉'은 '낡은 몸의 희생제의'라고 할 수 있다. 성스러움은 의미와 무의미의 테크닉이다.

주

1) Marcel Mauss, "The Physical Effect on the Individual of the Idea of Death Suggested by the Collectivity (Australia, New Zealand)" (*Sociology and Psychology: Essays*, *orig*.1926) pp.50-51.

2) Michel Foucault, "Nietzsche, Genealogy, History" (*Language, Counter-Memory, Practice: Selected Essays and Interviews*, 1977) p.153.

3) Marcel Mauss, "Real and Practical Relations between Psychology and Sociology" (*Sociology and Psychology: Essays*, *orig*.1924) p.24.

4) *Ibid.*, p.21.

5) Henri Bergson, "Introduction" (*Creative Evolution*, *orig*.1911).

6) "asceticism" (*The HarperCollins Dictionary of Religion*, 1995) p.78.

7) Marcel Mauss, "Real and Practical Relations between Psychology and Sociology" (*orig*.1924) p.88.

8) N. J. Allen, *Categories and Classifications: Maussian Reflections on the Social* (2000) p.28.

9) Mircea Eliade, *Australian Religions: An Introduction* (1973) p.62.

10) Pierre Bourdieu, "Programme for a Sociology of Sport" (*In Other Words: Essays Towards a Reflexive Sociology*, 1990) p. 167.

11) Konrad Lorenz, *On Aggression* (1966) pp. 75-76.

12) 프랑소와즈 룩스, 「구경거리로서의 육체」 (『신체의 미학』, 1997) p.177.

13) Paul Valéry, "Some Simple Reflections on the Body" (*Fragments for a History of the Human Body*, Part Two, 1989) pp. 394-402.

14) "Book of Sports" (*Encyclopaedia Britannica*, 15th ed.).

15) Marcel Mauss, "Body Techniques" (*Sociology and Psychology: Essays*, *orig*.1934) p.97.

16) *Ibid.*, p.100.

17) Claude Lévi-Strauss, *Introduction to the Work of Marcel Mauss* (*orig*.1950) p.6.

18) Marcel Mauss, "Body Techniques," pp.106-109.

19) *Ibid.*, pp.110-119.

20) Allen Guttmann, "Diffusion of Sports and the Problem of Cultural

Imperialism" (*The Sports Process: A Comparative and Developmental Approach*, 1993) p.134.

21) Pierre de Coubertin, *Olympism: Selected Writings* (IOC, 2000) p.163.

22) Henri Hubert and Marcel Mauss, *Sacrifice: Its Nature and Function* (*orig*.1899) pp.113–114. Notes 66.

23) David Sansone, *Greek Athletics and the Genesis of Sport* (1988) p.71.

24) Jonathan Z. Smith, *To Take Place: Toward Theory in Ritual* (1987) p.104.

25) Henri Hubert and Marcel Mauss, *Sacrifice* (*orig*.1899) p.1.

26) Henri Hubert and Marcel Mauss, *A General Theory of Magic* (*orig*.1904) pp.7–8.

27) Henri Hubert, *Essay on Time: A Brief Study of the Representation of Time in Religion and Magic* (*orig*.1905) p.74.

28) Henri Hubert and Marcel Mauss, *Sacrifice* (*orig*.1899) p.13.

29) Jonathan Z. Smith, "The Domestication of Sacrifice" (*Violent Origins: Ritual Killing and Cultural Formation*, 1987) p.206.

30) Jonathan Z. Smith, "A Matter of Class: Taxonomies of Religion" (*Harvard Theological Review*, 89:4, 1996) p.403.

31) Frits Staal, "The Meaninglessness of Ritual" (*Numen*, 26:1, 1979).

32) Friedrich Waismann, "Notes on Talks with Wittgenstein" (*The Philosophical Review*, 74:1, 1965) p.16.

33) Stephen H. Webb, *Blessed Excess: Religion and the Hyperbolic Imagination* (1993) pp.148–49.

34) Frits Staal, *Rules Without Meaning: Ritual, Mantras and the Human Sciences* (1990) p.140.

참고문헌

송명호 옮김, 『禮記集說大全』1, 높은밭, 2002.

프랑소와즈 룩스, 심우성 옮김, 「구경거리로서의 육체」, 『신체의 미학』, 현대미학사, 1997.

Allen, N. J., *Categories and Classifications: Maussian Reflections on the Social*, New York: Berghahn, 2000.

Bateson, Gregory, "A Theory of Play and Fantasy," *Steps to an Ecology of Mind*, Chicago & London: the University of Chicago Press, 2000 (*orig.*1972).

Bergson, Henri, "Introduction," *Creative Evolution*, trans. Arthur Mitchell, Lanham: University Press of America, 1983 (*orig.*1911).

Bourdieu, Pierre, "Programme for a Sociology of Sport," *In Other Words: Essays Towards a Reflexive Sociology*, trans. by Matthew Adamson, Cambridge: Polity Press, 1990.

Bourdieu, Pierre, "Codification," *In Other Words: Essays Towards a Reflexive Sociology*, trans. by Matthew Adamson, Cambridge: Polity Press, 1990.

Coubertin, Pierre de, *Olympism: Selected Writings*, IOC, 2000.

Douglas, Mary, "The Effects of Modernization on Religious Change," *Daedalus*, 111:1, 1982 (winter).

Douglas, Mary, *Natural Symbols: Explorations in Cosmology*, London & New York: Routledge, 1996.

Eliade, Mircea, *Australian Religions: An Introduction*, Ithaca & London: Cornell University Press, 1973.

Falk, Pasi, "Written into Flesh," *Body & Society*, 1:1, 1995.

Foucault, Michel, "Nietzsche, Genealogy, History," *Language, Counter-Memory, Practice: Selected Essays and Interviews*, ed. D. F. Bouchard, Ithaca: Cornell University Press, 1977.

Guttmann, Allen, "Diffusion of Sports and the Problem of Cultural

Imperialism," in *The Sports Process: A Comparative and Developmental Approach*, ed. Eric G. Dunning et al., Human Kinetics Publishers, 1993.

Hubert, Henri and Mauss, Marcel, *Sacrifice: Its Nature and Function*, trans. by W. D. Halls, The University of Chicago, 1964 (*orig.*1899).

Hubert, Henri and Mauss, Marcel, *A General Theory of Magic*, trans. by Robert Brain, London & Boston: Routledge and Kegan Paul, 1972 (*orig.*1904).

Hubert, Henri, *Essay on Time: A Brief Study of the Representation of Time in Religion and Magic*, ed. Robert Parkin, trans. Robert Parkin and Jacqueline Reddding, Oxford: Durkheim Press, 1999 (*orig.*1905).

Lévi-Strauss, Claude, *Introduction to the Work of Marcel Mauss*, trans. Felicity Baker, London: Routledge & Kegan Paul, 1987 (*orig.*1950).

Lévi-Strauss, Claude, *The Naked Man*, Mythologiques, vol. 4, trans. John & Doreen Weightman, Chicago: The University of Chicago Press, 1981 (*orig.*1971).

Lorenz, Konrad, *On Aggression*, trans. Marjorie K. Wilson, N.Y.: A Harvest Book, 1966.

Mauss, Marcel, "Real and Practical Relations between Psychology and Sociology," *Sociology and Psychology: Essays*, trans. Ben Brewster, London, Boston & Henley: Routledge & Kegan Paul, 1979 (*orig.*1924).

Mauss, Marcel, "The Physical Effect on the Individual of the Idea of Death Suggested by the Collectivity (Australia, New Zealand)," *Sociology and Psychology: Essays*, trans. Ben Brewster, London: Routledge & Kegan Paul, 1979 (*orig.*1926).

Mauss, Marcel, "Body Techniques," *Sociology and Psychology: Essays*, trans. Ben Brewster, London: Routledge & Kegan Paul, 1979 (*orig.*1934).

Mauss, Marcel, "A Category of the Human Mind: The Notion of

Person, the Notion of 'Self'," *Sociology and Psychology: Essays*, trans. Ben Brewster, London, Boston & Henley: Routledge & Kegan Paul, 1979 (*orig.*1938).

Penner, Hans, "Language, Ritual and Meaning," *Numen*, 32:1, 1985 (July).

Ricoeur, Paul, "Practical Reason," *From Text to Action: Essays in Hermeneutics Ⅱ*, Illinois: Northwestern University Press, 1991.

Sansone, David, *Greek Athletics and the Genesis of Sport,* California: University of California Press, 1988.

Schmitt, Jean-Claude, "The Ethics of Gesture," in *Fragments for a History of the Human Body*, Part Two, ed. Michel Feher, New York: Zone Books, 1989.

Smith Jonathan Z., *Imagining Religion: From Babylon to Jonestown,* Chicago & London: The University of Chicago Press, 1982.

Smith Jonathan Z., "Playful Acts of Imagination," *Liberal Education,* 73:5, 1987 (Nov./Dec.).

Smith, Jonathan Z., "The Domestication of Sacrifice," in *Violent Origins: Ritual Killing and Cultural Formation*, ed. Robert G. Hamerton-Kelly, California: Stanford University Press, 1987.

Smith, Jonathan Z., *To Take Place: Toward Theory in Ritual*, Chicago and London: The University of Chicago Press, 1987.

Smith, Jonathan Z., "Nothing Human Is Alien to Me," *Religion*, 26:4, 1996 (Oct.).

Smith, Jonathan Z., "A Matter of Class: Taxonomies of Religion," *Harvard Theological Review*, 89:4, 1996.

Smith, Jonathan Z., "A Twice-Told Tale: The History of the History of Religion's History," *Numen*, 48:2, 1996.

Staal, Frits, "The Meaninglessness of Ritual," *Numen*, 26:1, 1979 (June).

Staal, Frits, *Rules Without Meaning: Ritual, Mantras and the Human Sciences*, New York: Peter Lang, 1990.

Valéry, Paul, "Some Simple Reflections on the Body," in *Fragments for a History of the Human Body*, Part Two, ed. Michel Feher, New York: Zone Books, 1989.

Waismann, Friedrich, "Notes on Talks with Wittgenstein," *The Philosophical Review*, 74:1, 1965 (Jan).

Webb, Stephen H., *Blessed Excess: Religion and the Hyperbolic Imagination*, Albany: State University of New York Press, 1993.

Encyclopaedia of Religion and Ethics, ed. James Hastings (N.Y.: Scribner).

The HarperCollins Dictionary of Religion, ed. Jonathan Z. Smith, HarperSanFrancisco, 1995.

종교와 스포츠 몸의 테크닉과 희생제의

펴낸날	초판 1쇄 2004년 7월 30일
	초판 2쇄 2012년 11월 5일

지은이	**이창익**
펴낸이	**심만수**
펴낸곳	**(주)살림출판사**
출판등록	1989년 11월 1일 제9-210호

경기도 파주시 문발동 522-1
전화 **031)955-1350** 팩스 **031)955-1355**
기획·편집 **031)955-4662**
http://www.sallimbooks.com
book@sallimbooks.com

ISBN 978-89-522-0269-7 04080